Das geheimnisvolle Leben der Tiere der Urzeit

Auf der Suche nach

Kleine Fossilien und Kohlestücke geben uns eine ungefähre Vorstellung von der Fauna und Flora, die es vor sehr langer Zeit gab. Fossilien, die man am Wegrand oder in Steinbrüchen finden kann, sind häufig unvollständige Abdrücke von Schalentieren. Wenn man Kohlestücke näher untersucht, kann es vorkommen, daß man Abdrücke von Blättern findet. Wissenschaftler, die Paläontologen, beschäftigen sich mit der Untersuchung solcher Abdrücke. Sie nehmen auf allen Kontinenten systematische Grabungen vor, und dadurch gelang es, immer mehr über die Welt, die es vor uns gab, zu erfahren und ihr Tier- und Pflanzenleben nachzuweisen.

Fossilien, Zeugen der Erdgeschichte

Fossilien sind im allgemeinen im Gestein eingeschlossen, aber man findet sie auch in natürlichen Bitumenablagerungen, in Bernstein (das ist versteinertes Harz), in Torfschichten und auch im ständig gefrorenen Boden Sibiriens, Alaskas und Kanadas. Kalk, Schiefer und Ton sind die Gesteinsschichten, die die meisten Fossilien enthalten, denn sie sind aus winzigen Einzelteilchen zusammengesetzt. Granit- oder Vulkangestein birgt keine Fossilien.

Durch genaue Untersuchung von Pflanzen- und Tierfossilien, ihrer Struktur und ihrer Verbreitung wurde es möglich, daß man heute eine ziemlich gute Beschreibung der Erdgeschichte geben kann. Aber noch hat die Erde nicht alle ihre Geheimnisse preisgegeben; jedes Jahr entdecken die Forscher neue Fossilien von urgeschichtlichen Tieren, die lange vor der Erfindung der Schrift gelebt haben.

Dauer und Zeitalter sind Schätzungen

Die Tabelle gegenüber zeigt eine Übersicht über die Abfolge der verschiedenen geologischen Zeitalter; außerdem zeigt sie, wann die großen Tier- und Pflanzengruppen, die wir heute kennen, aufgetreten sind.

In jedem Zeitalter hat die Erdoberfläche entscheidende Veränderungen erfahren: Kontinente sind aufgetaucht, andere verschwunden, Meere haben sich weiter ausgebreitet oder zurückgezogen, Gebirgsketten haben sich gebildet. Es ist noch nicht lange her (an der Skala der Erdgeschichte gemessen), daß die heutigen Landschaften entstanden sind.

Rekonstruktionen, so echt wie möglich

Die Illustrationen dieses Buches zeigen urgeschichtliche Tiere. Alle Bilder sind an Hand von Skelettuntersuchungen und Vergleichen mit ähnlichen Tierarten entstanden, mit Ausnahme der Abbildungen von Tierarten, die erst in neuerer Zeit ausgestorben sind. Man kann also nicht den Anspruch erheben, daß alle Einzelheiten, besonders die der äußeren Gestalt (wie zum Beispiel die Farbe), ganz exakt wiedergegeben sind, denn die lebenden Modelle sind ja schon vor Millionen von Jahren ausgestorben!

Leider gibt es für die allermeisten Fossilien keine deutschen Namen, so daß nur die wissenschaftliche Bezeichnung gebraucht werden kann.

Ära	System	Stufe
Känäzoikum = Tertiär + Quartär	Quartär	Holozän (heute) Pleistozän
	Tertiär	Pliozän
		Miozän
		Oligozän
		Eozän
		Paleozän
Mesozoikum	Kreide	
	Jura	
	Trias	
Paläozoikum	Perm	
	Karbon	
	Devon	
	Silur	
	Ordovizium	
	Kambrium	
Azoikum	Präkambrium	

der Urgeschichte

Dauer (in Millionen Jahren)	Alter	Wichtigste Ereignisse und charakteristische Organismen
1,8	1,8	Vereisung. Mammuts. Heutige Flora.
3,2	5	Mastodonten. Auftreten der heutigen Flora.
20	25	Herausbildung der Alpen. Moropus.
15	40	Baluchitherium. Große Laufvögel.
15	55	Erste Vorläufer des Pferdes.
10	65	Rückzug der Meere. Ausbreitung der Säugetiere. Entwicklung der Blütenpflanzen.
70	135	Erste Blütenpflanzen. Aussterben der Dinosaurier. Ansteigen der Meeresspiegel.
65	200	Ausdehnung der Meere. Zahlreiche Cycadeen. Ammoniten, Dinosaurier. Erste Vögel.
25	225	Vorherrschaft der Koniferen. Auftreten der Cycadeen (Pflanzen). Erste Dinosaurier. Erste Säugetiere.
55	280	Ein einziger Kontinent. Verschwinden der Schachtelhalme und Riesenbärlappgewächse. Aussterben der Trilobiten.
20	300	Wälder aus Bärlappgewächsen, Farnen und Schachtelhalmen. Auftreten von Reptilien und Insekten. Bildung von Kohlenbecken.
95	395	Erhebung der Erde. Erste Samenpflanzen. Auftreten der Bactriten (Amphibien).
45	440	Erste Landpflanzen. Gepanzerte Fische.
60	500	Ausdehnung der Meere. Algen. Trilobiten. Erste Fische.
100	600	Ausgedehnte Meere. Nur wirbellose Tiere.
4000	4600	Algen und Bakterien. Erste wirbellose Tiere.

Die Wirbellosen der Urgeschichte

Vor ungefähr 300 Millionen Jahren, im Karbon, lebten die größten bekannten Insekten. Zu dieser Zeit flogen riesige Libellen über die mit Schachtelhalmen, Farnen und Riesenbärlappgewächsen überwucherten Sümpfe. An einem Abdruck einer Libelle, den man im Kohlenbecken von Commentry in Frankreich gefunden hat, maß man die Flügelspannweite von 75 cm. Unglücklicherweise haben uns diese sehr frühen Insekten auf Grund der Zerbrechlichkeit ihrer Körper nur sehr wenige Spuren hinterlassen. Dafür kennt man eine ganze Anzahl jüngerer Insekten recht gut. Ihre Körper sind im Bernstein, einem versteinerten Harz, das von Nadelbäumen stammt und bis zu 50 Millionen Jahre alt ist, erhalten geblieben. Diese Bernsteine wurden hauptsächlich an der Ostseeküste gefunden. Bei den konservierten Tieren handelt es sich vor allem um Insekten, Spinnen, Käfer und Ameisen.
Andere wirbellose Tiere mit gegliederten Beinen (Arthropoden) sind uns häufiger in Versteinerungen erhalten als Insekten. Ihr Panzer war offensichtlich widerstandsfähiger. Aus der Vielzahl dieser Fossilien kann man also nicht schließen, daß diese Tierart im Paläozoikum die häufigste war. Die bekanntesten wirbellosen Tiere sind die Trilobiten. Sie werden so genannt, weil ihr Körper mit einem Rückenschild bedeckt war, der sich in der Längsrichtung in drei Teile (lobos: Lappen) teilte. Die Trilobiten lebten vom Kambrium bis zum Perm, d. h. in einem Zeitraum von mehr als 300 Millionen Jahren. Wissenschaftler haben mehr als 2000 verschiedene Arten beschrieben. Die Gestalt dieser Tiere erinnert an die der Kellerasseln, auf dem Land lebende Krebstiere, die es heute noch gibt. Wie diese konnten sich vermutlich auch die Trilobiten einrollen, um sich gegen Feinde zu schützen. Ihre Größe reichte von 6 mm bis 67 cm. Andere Arthropoden lebten vom Ordovizium bis zum Silur. Diese riesigen wirbellosen Tiere (die eindrucksvollsten waren 2 bis 3 m lang) werden Eurypteriden genannt; sie lebten ebenfalls im Wasser. Die Ammoniten waren Vorfahren der heute noch lebenden Tintenfische, die eine äußere Kalkschale besaßen, aus der nur der Kopf und die Fangarme herausragten.

Von links nach rechts: Vertreter der Eurypteriden, Trilobiten, Ammoniten, drei typische wirbellose Tiere. Im Hintergrund primitive Weichtiere.

Im Karbon traten im Meer Weichtiere auf (oben), die dem Kalmar, einem Tintenfisch, ähnelten. Sie hatten eine lange Schale in Form eines Horns. Im Ordovizium wurden diese Nautiloiden unter anderem durch die Endoceratida und die Sactocerae vertreten. Diese waren die Vorläufer der Ammoniten und des heute noch vorkommenden Nautilus. Das Kalkgehäuse begünstigte die Versteinerung der Tiere, die einen weichen Körper hatten. Zwei Gruppen von primitiven Weichtieren sind vollständig ausgestorben, von ihnen kennt man nur noch die Fossilien: das sind die Ammoniten und Belemniten.

Diese Graptolithen, Verwandte der heutigen Seescheiden, deren Reste man hier sieht, sind seit dem Paläozoikum bekannt. Die Tiere lebten in Kolonien. Sie bildeten komplizierte Netzwerke, in deren Verästelungen sie lebten.

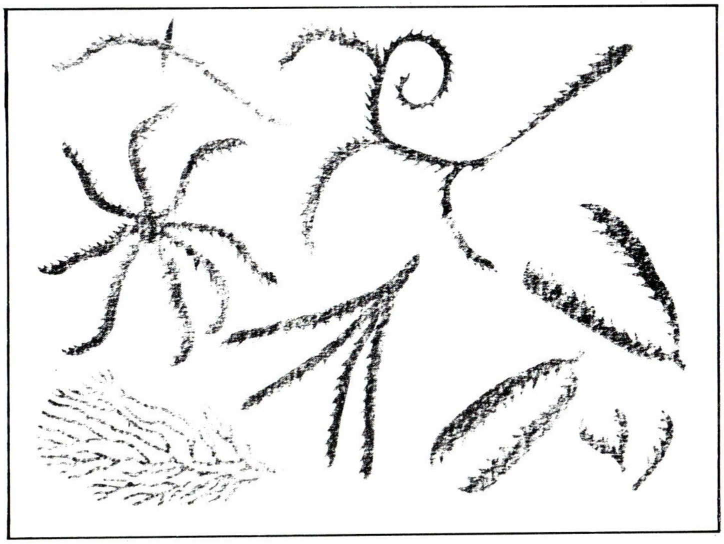

Die Cerithen (oben) sind Weichtiere aus der Verwandtschaft der Schnecken. Andere Weichtiere (unten), die Belemniten, lebten vom Karbon bis zur Kreide im Meer. Die Belemniten fraßen andere wirbellose Tiere und Fische.

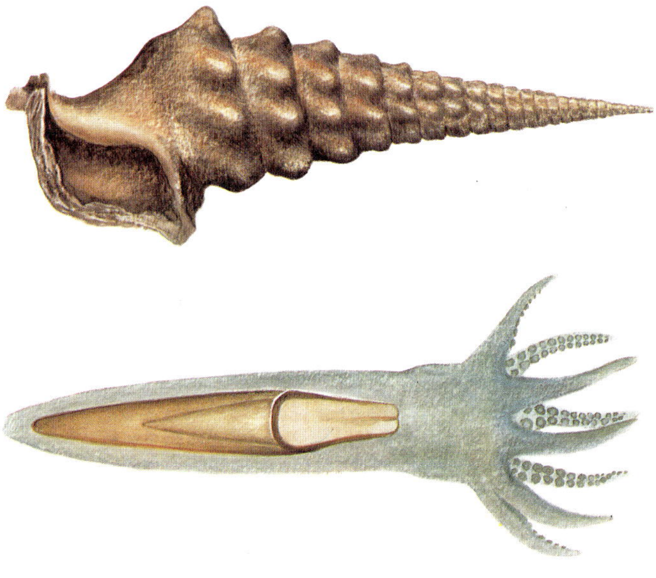

Die ersten Insekten hatten keine Flügel. Sie lebten im Devon. Zu Beginn des Karbon wurden sie von riesigen Insektenarten abgelöst. Eine davon war diese Meganeura, die größte Libelle, die es jemals gab. Einige Schaben waren bis zu 20 cm lang.

Primitive Fische

Einige Wissenschaftler glauben, daß die Meerestiefen noch sehr viele Geheimnisse bergen, und daß Abkömmlinge der urgeschichtlichen Arten dort heute noch leben, ohne daß wir es wissen. Die Entdeckung der Quastenflosser hat ihnen Recht gegeben. Hierbei handelt es sich um „lebende Fossilien". In den paläontologischen Büchern, die zu Beginn des 20. Jahrhunderts geschrieben wurden, werden die Quastenflosser als Vertreter einer Fischart beschrieben, die seit dem Ende des Mesozoikums vollständig ausgestorben ist. Ihre Überreste stammen aus Gesteinen, die in die Zeit vom Devon bis zur Kreide gehören. Diese Gesteine findet man heute in Europa, Afrika und Amerika. Die Quastenflosser zählen zu den ältesten Fischen, da die ersten Vertreter bereits im Paläozoikum gelebt haben.

Am 22. Dezember 1938 fanden die Fischer des Komorenarchipels, im Norden von Madagaskar, einen merkwürdigen Fisch in ihren Netzen. Ein Fachmann, der das Tier untersuchte, ahnte sehr schnell, daß es sich hier um einen außergewöhnlichen Fang handelte. Der merkwürdige Fisch war ein Vertreter der Quastenflosser, einer Fischart, die seit 65 Millionen Jahren ausgestorben schien. Seit damals wurden in derselben Gegend noch weitere dieser Tiere (72 bis 1972) gefangen. Da sie aber in großen Tiefen leben, waren alle Fische tot, als sie an die Wasseroberfläche kamen. Am 22. März 1972 gelang es den Fischern jedoch, einen kleinen Vertreter lebend zu bergen, der 85 cm lang war. Sie legten den Fisch in einen Wassertrog, wo er noch vier Stunden weiterlebte. Dann starb er jedoch, sicherlich auch, wie seine Artgenossen, an den Folgen des schnellen Aufstiegs aus großer Tiefe. Ein ausgewachsenes Exemplar der Quastenflosser wird bis zu 1,80 m lang und wiegt zwischen 60 und 100 kg. Es lebt in Tiefen zwischen 500 und 800 m. Das Weibchen legt nur etwa 20 Eier. Bis der Fisch ausgewachsen ist, vergehen mehrere Jahre. Die meisten Verwandten der Quastenflosser, die in der Vorzeit lebten, wurden kaum größer als 60 cm, eine Ausnahme bilden die Mawsonia.

Für die Wissenschaft war es eine große Sensation, als diese Quastenflosser, die man längst für ausgestorben hielt, wiederentdeckt wurden.

Von oben nach unten: Climatius, Aglaspis, Hemicylaspis, drei primitive Fische.

Dinichthys war ein wirkliches Monstrum. Sein Kopf war 1 m lang und 70 cm breit. Man nimmt an, daß dieser Fisch länger als 9 m war. Auf dem Rücken trug er einen dicken Schild von etwa 60 cm Seitenlänge. Die anderen Meerestiere fürchteten diesen Fleischfresser sicher sehr, so auch Cladoselachius, ein primitiver Hai, den er hier gerade angreift. Andere gepanzerte Fische trugen noch viel eindrucksvollere Schilde, die bis zu 1,90 m breit waren.

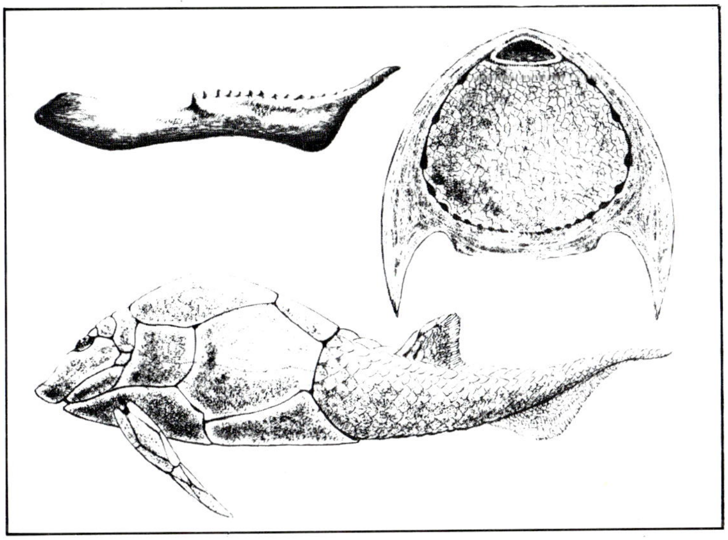

Typische Merkmale eines primitiven Fisches (Pterichthys), 20 cm lang; er lebte im Paläozoikum. Der Vorderteil des Körpers ist gepanzert (unten). Rechts Rückenschild (von unten gesehen) der Cephalaspiden, eines Cyclostom. Links der Kiefer eines Diplognathus.

Die Quastenflosser, wirklich lebende Fossilien, wurden zum ersten Mal 1938 gefangen. Das Weibchen legt sehr große Eier: Sie haben einen Durchmesser von 8-9 cm und wiegen zwischen 300 und 340 g.

Portheus konnte eine Länge von 3 bis 4 m erreichen. Hier verschlingt er einen Clupeiden, einen Fisch aus der Gruppe der Heringe und Sardinen, der in den Meeren der Kreide lebte. Die Sardinen, die wir heute kennen, sind neueren Ursprungs. Die Ernährungsweise des Portheus dürfte sich nicht viel von der der Makrelen und anderer fleischfressender Fische, die heute in unseren Meeren und Ozeanen leben, unterschieden haben.

Primitive Lurche

Nach Ansicht von Fachleuten war die Erde in ihrem Urzustand größtenteils mit Wasser bedeckt. Als die urgeschichtlichen Meere zu verdunsten begannen, tauchten allmählich die Kontinente aus dem Wasser auf. Die ersten Tiere und Pflanzen lebten also im Wasser, dann begannen einzelne Tiere, das Wasser zeitweise zu verlassen und sich auf dem Land aufzuhalten. Man fand Fossilien dieser Tiere. Es sind Übergangsformen von Fischen und auf dem Land lebenden Wirbeltieren: der früheste Vertreter, der Ichthyostega, stammt aus dem Devon. Seine Überreste wurden in Grönland entdeckt. Der Fund war für die Paläontologen ein großes Ereignis, denn es war das erste vierbeinige Wirbeltier. Wenn der Ichthyostega auch noch Merkmale der Fische aufwies, so war er doch auch bereits in der Lage, außerhalb des Wassers zu leben. Der Ichthyostega war 90 cm lang und hielt sich zweifellos immer an der Grenze zwischen Wasser und Land auf; die meiste Zeit jedoch hat er sicher im Wasser verbracht, wo er sich mit Hilfe seines langen Schwanzes sehr geschickt fortbewegen konnte.

Die primitiven Amphibien sind die eindrucksvollsten, die es jemals gegeben hat. Eine Ausnahme bildet vielleicht der heute lebende Riesensalamander Japans, der 1,50 m lang wird. Alle Amphibien hatten einen Schwanz. Die meisten hatten auf der Rückenfläche Schuppen, manchmal reichten sie auch bis zum Ansatz der Gliedmaßen; die Schuppen auf dem Rücken waren aber feiner.

Sehr viel später und näher an der heutigen Zeit lebten im Mesozoikum (Trias) die Mastodonten und ihre zahlreichen Verwandten, die verschiedenen Familien angehörten. So Mikropholis und Capitosaurus, mit ihren 4,50 m Länge wahre Riesen. Der flache Kopf der größten Mastodonten allein war schon 1,25 m lang. Im Gegensatz zu Eryops, einem Vertreter der Amphibien in Amerika, konnten die Mastodonten das Wasser vermutlich kaum verlassen, denn im Verhältnis zu ihren riesigen Ausmaßen hatten sie so schwache Beine, daß es ihnen unmöglich war, auf festem Boden zu laufen. Dafür waren sie aber sicher sehr gute Schwimmer. Auch unsere heute lebenden Amphibien sind ja an Wasser oder feuchte Umgebung noch immer gebunden, vor allem, um der Gefahr der Austrocknung zu entgehen.

Ichthyostega, ein Wasser- und Landtier.

Mastodonsaurus war der größte Vertreter der stegocephaliden Amphibien. An seinem enormen Kopf, 1,25 m lang, waren riesige Augenhöhlen. Die schönsten Fossilien dieses Tieres fand man in Gaildorf und in Ödendorf in Baden-Württemberg. Man hat auch Reste von Mastodonsaurus im Elsaß, im Schwarzwald, in England und in Indien gefunden. Diese Tiere lebten in der Trias.

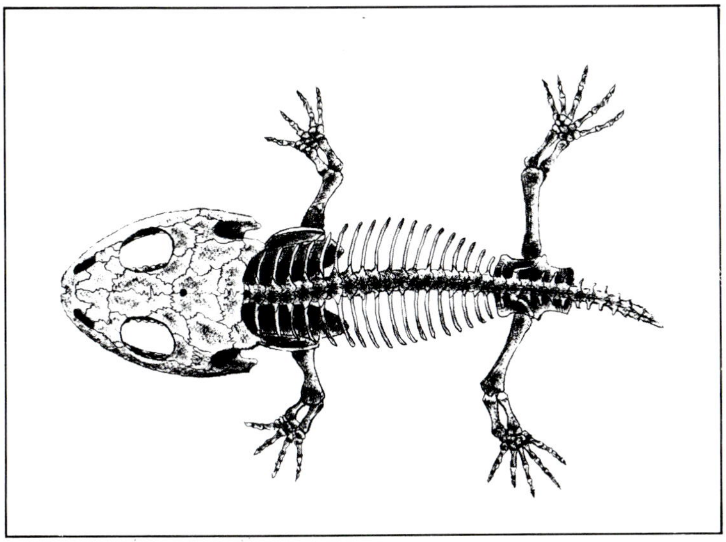

Mikropholis, der in der Trias lebte, ist einer der bekanntesten primitiven Fossilien, die man gefunden hat. Dieses Tier hatte einen eher rundlichen und kurzen Schädel, verglichen mit dem Archegosaurus, der jedoch den gleichen Wirbeltyp besaß.

Das größte primitive Amphib war Eryops: Er war an die Fortbewegung auf dem Land angepaßt und zwischen 1,50 m und 1,80 m lang. Sein dreieckiger Schädel maß zwischen 40 und 60 cm.

Drei Vertreter der Klasse der Amphibien: ein Wasserfrosch (links), ein Wassermolch (rechts), zwei noch heute lebende Arten; unten Urocordylus scalaris, der im Perm lebte und dessen Fossilien man in Böhmen gefunden hat. Die Ecken seines Schädels waren zu Hörnern verlängert, und sein Bauch war durch eine Art Panzer aus Hunderten von Reihen kleiner Schuppen geschützt. Eine verwandte Art, die man in Irland fand, wurde 50 cm lang.

Pelycosauria

Die ersten Reptilien sind vor etwa 300 Millionen Jahren aus primitiven Amphibien entstanden. Sie wurden Cotylosauria genannt. Diese Tiere pflanzten sich durch Eier fort, die von einer harten Schale umgeben waren. Sie konnten die Eier dadurch auf dem Land ablegen, da sie durch diese Schale vor dem Austrocknen geschützt waren. Die Pelycosauria waren ihre Nachkommen, die vom Perm bis zur Trias gelebt haben. In dieser Umgebung von Schachtelhalmen, Farnen und Riesenbärlappgewächsen haben sie sich schnell ausgebreitet. Sie hatten kleine Füße mit 5 Zehen, und ihr ganzes Skelett erinnerte in seinen Hauptmerkmalen an das der Säugetiere, besonders an das der Monotremata (Ameisenigel, Schnabeltier), der primitivsten von allen. Aus diesem Grund zählt man die Pelycosauria zu der Gruppe der Theromorpha (das bedeutet: mit der Form eines Säugetieres). Man nennt sie auch Ursäugetiere, weil man sie als die Vorfahren der ersten Säugetiere ansieht.
Einige Vertreter, wie Varanosaurus und Dimetrodon, müssen Fleischfresser gewesen sein. Sie fraßen Fische, Weichtiere und auf dem Land lebende Tiere. Außer den Hauptzähnen besaß Dimetrodon zahlreiche kleine Zähne am Gaumen. Je nach Art wurde er 1 bis 3 m lang und lebte im Gebiet des heutigen Nordamerika. Charakteristisch für diese Tiere sind ihre Rückenwirbel, die alle eine verlängerte Spitze haben. Die Gesamtheit dieser Fortsätze bildete ein Segel oder einen Kamm, der weit hochstand und bis zu einem Viertel der Körperlänge des Tieres erreichen konnte. Wozu diente dieser merkwürdige Fächer? Es gibt zwei Möglichkeiten: Entweder diente der Kamm den Dimetrodon zur Regulierung ihrer Körpertemperatur oder zur Abschreckung von Feinden. Die erste Annahme ist wahrscheinlicher. In der zwischen den Rückenwirbelfortsätzen ausgespannten Haut befand sich möglicherweise ein dichtes Netz von Blutgefäßen. So konnte ein Austausch von Körpertemperatur und Umgebungstemperatur auf einer großen Fläche stattfinden.

Schachtelhalme, Farne und Riesenbärlappgewächse der Wälder im Perm.

Die Dimetrodon besaßen etwa 27 Wirbel mit vertikalen Fortsätzen und einen relativ kurzen Schwanz. Man kennt etwa 10 Arten dieser Reptilien. Der erste Fund stammt aus Texas. Die Sphenacodon, Verwandte der Dimetrodon, hatten kurze Wirbelfortsätze. Beim Ceratosaurus dagegen, den man in Deutschland fand, tragen die Wirbel eine knochige Stange, die bis zu 60 cm lang wurde; diese Tiere waren den Dimetrodon sehr ähnlich.

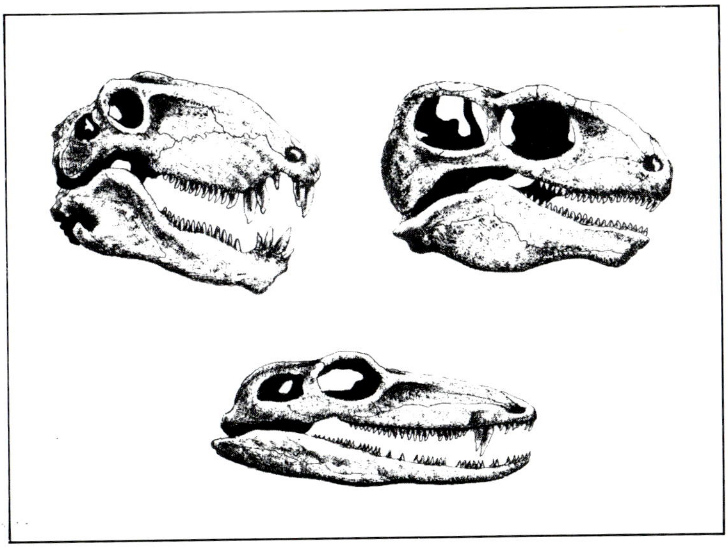

Schädel der Dimetrodon (oben links), des Edaphosaurus (oben rechts) und des Varanosaurus (unten). Außer den Zähnen, die normalerweise auf den Kiefern stehen, hatten diese Tiere sehr viele kleine Zähne auch auf dem Gaumen. Zusammen bildeten die Zähne so etwas wie einen Filter.

Im Gegensatz zu den Dimetrodon, die Fleischfresser waren, ernährten sich die Edaphosaurus von Pflanzen. Sie waren mit Sicherheit die ersten pflanzenfressenden Reptilien. Je nach Art zwischen 2 und 3 m lang, hatten sie einen weniger hohen Kamm als die Dimetrodon.

Die Cynognathus, Fleischfresser, gehörten zur Gruppe der Therapsida, Verwandte der Pelycosauria. Die beiden hier dargestellten Vertreter scheinen sich für das aufrecht laufende kleine Reptil vor ihnen zu interessieren. Die Therapsida lebten vom Perm bis zum Jura und sollen Vorläufer der Säugetiere gewesen sein. Tatsächlich zeigen Einzelheiten ihrer Schädel Merkmale von Säugetierschädeln. Die Cynognathus, die bis zu 2 m lang waren, starben gegen Ende des Trias aus. Ihre Überreste wurden in Südafrika gefunden.

Schildkröten und Krokodile

Einige der urgeschichtlichen Tiere sind eine Mischung aus Reptilien und Lurchen. So die Seymouria. Sie wurden zu den Reptilien gezählt aufgrund ihrer Wirbel, und weil sie ausschließlich auf dem Land gelebt haben sollen. An Lurche erinnert der Bau ihres Schädels. Die Reptilien haben sich in verschiedene Richtungen entwickelt. Fachleute haben versucht, sie zu ordnen; ihr Kriterium dabei war die Existenz und die Stellung einer Furche im Schläfenknochen an der Schädelseite. Die Schildkröten gehören zur ersten Gruppe, zu der der Anapsida; sie sind im Trias aufgetreten. Die ältesten unter ihnen lebten auf dem Land, sie hatten etwa die Maße der Griechischen Landschildkröte, also ungefähr 20 cm Länge. Später paßten sie sich dem Leben im Wasser an, zunächst im Süßwasser, dann auch im Meer. Die größte Schildkröte des Mesozoikums, Archelon, die in der Kreidezeit lebte, war etwa 4 m lang. Sie übertraf damit noch die Lederschildkröte, die es heute noch gibt, und die nur eine Länge von 2,40 m erreicht. Wie die Lederschildkröte, trug auch Archelon einen Panzer, der aus Knochenplatten bestand.

Die Krokodile stammen direkt von kleinen Pseudosuchia ab, die zu Beginn des Trias lebten. Protosuchus, der bis zu 1 m lang wurde, war ein Reptil mit länglichen Füßen; er war dem heutigen Krokodil schon sehr ähnlich. Unter den anderen Krokodilen des Mesozoikums und des Tertiärs lebte Geosaurus, der 2 m lang war, im Gebiet des heutigen Europa. Trotz einer gewissen Ähnlichkeit mit den Krokodilen waren die Mesosauria Meereseidechsen, die mit den Plesiosauria zu einer Gruppe gehören. Die größten unter ihnen wurden bis zu 12 m lang. Sie schwammen an der Oberfläche und fingen mit ihren scharfen Zähnen andere im Wasser lebende Tiere. Die Wirbelsäule der Mesosauria zählte mehr als 130 Wirbel. Mit ihren langen Schwänzen bewegten sie sich vorwärts, unterstützt vom Wellengang. Die Füße hatten die Aufgabe, das Gleichgewicht zu halten und zu verhindern, daß das Tier auf die Seite rollte. Die schlängelnde Bewegung zur Fortbewegung ist allen Fischen eigen, auch den im Wasser lebenden Amphibien und Reptilien, wenn der Körper eine langgestreckte Form besitzt. Dieses Schlängeln findet immer in der waagrechten Ebene statt, da die Wirbelsäule eine Biegung in der Senkrechten nur bedingt zuläßt.

In den Meeren des Tertiärs: Mesosaurus (oben) und Geosaurus.

Protosuchus hatte kräftige Beine, die ein bißchen länger waren als die Beine seiner heutigen Verwandten, der Krokodile. Protosuchus konnte sich dadurch erheblich schneller fortbewegen als die Krokodile. Man nimmt an, daß dieses Tier im wesentlichen auf dem Land lebte, aber nicht nur in Wassernähe, wie heute die Krokodile, Alligatoren und Kaimane. Mit der Zeit führten die Nachkommen des Protosuchus und des Notosaurus immer mehr ein Leben im Wasser, einige Vertreter lebten im Meer. Ihre Beine entwickelten sich zu Flossen, der Panzer verschwand.

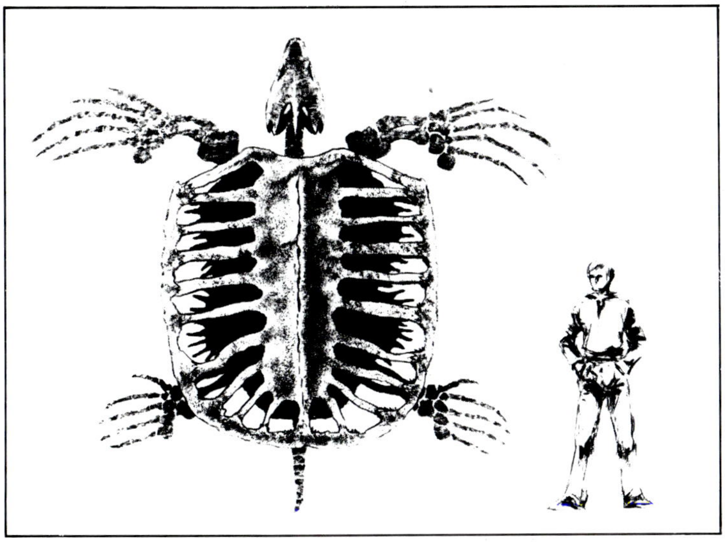

Archelon, dessen Skelett man hier sieht, hatte einen ziemlich leichten Knochenpanzer, der es ihm erlaubte, sich im Wasser geschickt zu bewegen; gleichzeitig bot er aber auch einen Schutz gegen Feinde. Archelon war dem Leben im Wasser sehr gut angepaßt.

Die Seymouria lebten im Perm. Sie waren 60 cm lang, wobei der Schädel allein 12 cm maß. Noch heute geben diese Tiere den Wissenschaftlern einige Rätsel auf. Eines ist jedoch sicher: ihr Skelett hat eindeutig primitive Merkmale.

Nystriosaurus, ein riesiges Tier, lebte im Jura. Er wurde in Süddeutschland gefunden. Dieses im Meer lebende Krokodil war 10 m lang. Sein Rücken war mit knochigen Platten gepanzert. Er ernährte sich von Fischen, kleineren Reptilien und Tintenfischen.

Nystriosaurus war Rhamphosaurus an Größe unterlegen. Rhamphosaurus, ein Vorfahre des Gavial, wurde 17 m lang und lebte im Pliozän in Asien. Ein anderes großes Krokodil, Deinosuchus, erreichte eine Länge von 15 m.

Diplodocus

Diplodocus ist wohl der bekannteste Vertreter der Dinosaurier.

Das Wort Dinosaurier, das „furchterregende Eidechse" bedeutet, wurde 1841 von dem englischen Zoologen Sir Richard Owen geprägt. Das Wort trifft auf einige Vertreter der Reptiliengruppe genau zu. Denn zu dieser Gruppe gehören zahlreiche Arten von manchmal riesigen Ausmaßen. Wenn man in den Museen die Skelette dieser Tiere sieht, kann man sich denken, wie Owen auf diesen Namen gekommen ist. Dennoch wäre es falsch zu glauben, daß alle Dinosaurier riesige Tiere waren. Wahr ist, daß viele von ihnen mittelgroß und manche sogar regelrecht winzig waren. Mehr als die Hälfte der Dinosaurier jedoch wog mehr als 2 Tonnen, ein Gewicht, das nur 2% der heute lebenden Säugetiere erreichen! In einem Zeitraum von etwa 140 Millionen Jahren, von der Trias bis zum Ende der Kreide, haben die Säugetiere wahrscheinlich eine mindere Rolle auf der Erde gespielt. Dinosaurier lebten auf dem Land und im Wasser. Es wäre jedoch übertrieben zu behaupten, das Mesozoikum sei nur das Zeitalter der Dinosaurier gewesen, denn es lebten damals auch andere Tiere.

Die Dinosaurier, die vor etwa 70 Millionen Jahren ausgestorben sind, haben nicht alle ihre Geheimnisse preisgegeben. Man stellt sie sich heute als mehr oder weniger massige und träge Tiere vor. Das kommt daher, daß die meisten der Reptilien, die wir heute kennen, ihre Körpertemperatur der Außentemperatur anpassen und in schlafähnliche Zustände verfallen, wenn die Außentemperatur niedrig ist. Einige Wissenschaftler meinen jedoch, daß die Dinosaurier eine höhere Körpertemperatur hatten und also in dieser Hinsicht den Säugetieren und Vögeln vergleichbar waren. Das Aussterben der Dinosaurier bleibt ein großes Rätsel. Einer der einleuchtendsten Gründe sind schwerwiegende klimatische Veränderungen. Sie könnten zum Beispiel durch den Einschlag eines riesigen Kometen auf der Erde verursacht worden sein, der Temperaturänderungen auslöste, denen sich die Dinosaurier nicht anpassen konnten. Diese klimatischen Veränderungen müssen sich für die ausgewachsenen Tiere nicht unbedingt nachteilig ausgewirkt haben, aber für deren Nachwuchs. Vielleicht konnten sich die Jungen im Ei nicht mehr entwickeln oder kamen nicht mehr zum Schlüpfen, da ihre Entwicklung im Ei sehr stark von der Umgebungstemperatur abhängig war.

Die Überreste der Diplodocus wurden in Nordamerika in Gesteinslagen gefunden, die aus dem Jura stammen. Diese Tiere waren massige Pflanzenfresser; dennoch hatten sie, wie man hier sieht, auch Feinde, so den Allosaurier. Der Allosaurier war 9 m lang, sein Gewicht schätzt man auf 2 Tonnen; er wird auch Antrodemus genannt. Ein weiterer Feind des Diplodocus war vermutlich Ceratosaurus, ein fleischfressender Dinosaurier.

Die größten Diplodocus waren zwischen 24 und 32 m lang. Die Fachleute können sich über ihr Gewicht nicht einigen: Einige meinen, sie hätten mehr als 20 Tonnen gewogen, andere nehmen ein Gewicht von ungefähr 10 Tonnen an.

Trotz ihrer äußeren Gestalt, die sich von der der heutigen Reptilien erheblich unterscheidet, gehörten die Dinosaurier zur Gruppe der Reptilien. Wie die meisten von ihnen legten sie Eier; man weiß aber nicht, ob sie das Gelege schützten. Hier sieht man das Gelege eines Diplodocus.

Die Diplodocus hatten einen langen Schwanz, der von mehr als 70 Wirbeln gestützt wurde. Sie besaßen 48 gerade, zylindrische Zähne. Es ist anzunehmen, daß sich diese Tiere im Wasser sehr viel wohler gefühlt haben als auf dem Land, denn an Land konnten die Beine das enorme Gewicht kaum tragen. Die Lage der Nasenlöcher (rechts), sehr weit oben am Schädel, hat das Leben im Wasser sicher erleichtert: Die Tiere konnten atmen, obwohl sie praktisch mit dem ganzen Körper unter Wasser waren. Die Füße (links) endeten in fünf Zehen.

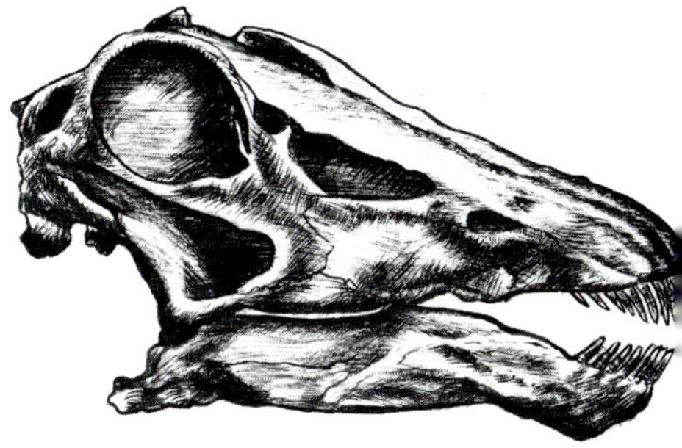

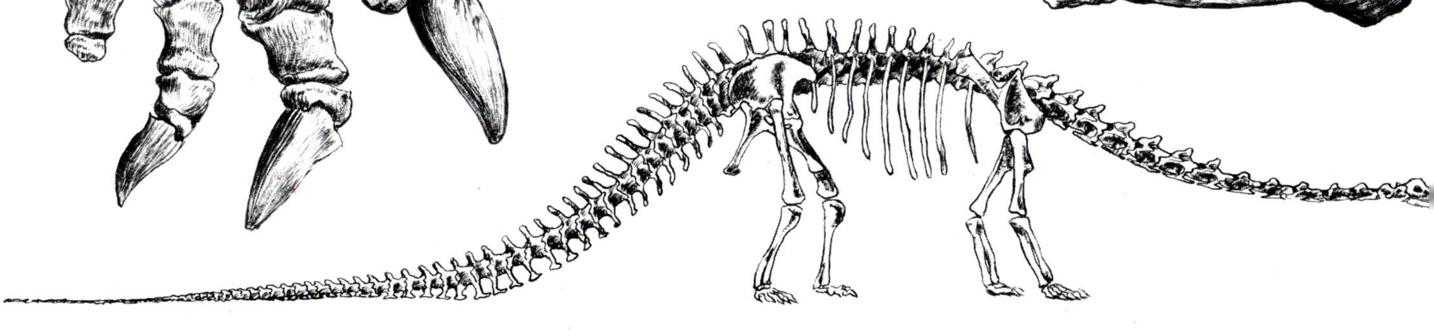

Die fleischfressenden Dinosaurier

Die Dinosaurier wurden in England entdeckt und 1824 zum ersten Mal beschrieben. In der folgenden Zeit fanden Fachleute auf der ganzen Welt weitere Fossilien, die zu dieser Gruppe gehören: Darum kennt man heute mehrere hundert Arten. Diese Tiere traten im Trias auf und starben in der Kreide aus. Die meisten von ihnen unterschieden sich in der Gestalt gründlich von den Schlangen und Lurchen, die wir heute kennen. Dennoch waren alle Dinosaurier Reptilien, die sich durch Eier fortpflanzten. Die Größten wurden 30 m lang, aber nicht alle waren Riesen. Die Kleinsten waren sogar nur 25 cm lang. Der Name Dinosaurier (furchterregende Eidechse) paßt gut zur Gruppe der Therapoda, die alle Fleischfresser mit spitzen Zähnen waren (bei einigen Arten hatten die Zähne einen gezackten Rand). Der größte auf dem Land lebende Fleischfresser, der jemals gelebt hat, war der Tyrannosaurus. Er war 2,50 m groß, mehr als 10 m lang und wog vermutlich 7 Tonnen. Sein Schädel, und das ist einzigartig, maß 1,30 m bis 1,50 m, und er besaß etwa 60 Zähne, die bis zu 20 cm lang waren. Dieses furchterregende Tier bewegte sich auf seinen Hinterbeinen fort. Die Vorderbeine waren stark zurückgebildet. Er griff die pflanzenfressenden Dinosaurier an, die weniger beweglich waren als er und sich nicht verteidigen konnten.

Der Allosaurier oder Antrodemus war kleiner, er war nur 9 m lang, wovon die Hälfte auf den Schwanz entfiel. Aber sein massiger Schädel und die mächtigen Kiefer erlaubten es ihm, Dinosaurier von der Gruppe der Ornithischia (siehe S. 30) mühelos zu töten.

Der Allosaurier wog ungefähr 2 Tonnen. Er war ein schneller Verfolger, denn er konnte große Schritte machen und fliehende Beutetiere einholen. Die vorderen sehr kurzen Gliedmaßen dienten vielleicht dazu, das Opfertier im Moment des Fangens zu packen. Wenn diese schweren Tiere in sumpfige Gebiete gerieten, waren sie meist verloren. Wegen ihres enormen Gewichtes konnten sie sich aus dem zähen Schlamm nicht mehr befreien und mußten elend zugrunde gehen. Vielleicht war die Flucht über Sümpfe für manches kleinere Beutetier die einzige Rettung vor diesen fleischfressenden Riesen.

Tyrannosaurus, ein riesiger und furchterregender Fleischfresser.

Der Tyrannosaurus der Kreide, hier in Ruhestellung, konnte bis zu 6 m hoch werden, wenn er sich auf seine Hinterbeine stellte. An den Vorderfüßen waren je zwei Krallen, die vielleicht dazu dienten, Beutetiere festzuhalten. Außerdem konnte sich das Tier damit abstützen.

Tyrannosaurus war nicht der einzige fleischfressende Dinosaurier: sein Zeitgenosse, Gorgosaurus oder Deinodon, war ein bißchen kleiner (7 bis 9 m lang). Er lebte auch im Gebiet des heutigen Nordamerika. Die Tarbosaurus lebten im Gebiet der heutigen Mongolei.

Die Allosaurier (deren Schädel man hier sieht) lebten im Jura im Gebiet des heutigen Nordamerika. Sie bewegten sich auf den Hinterfüßen fort und griffen vermutlich die großen pflanzenfressenden Arten wie Brontosaurus und Apatosaurus an.

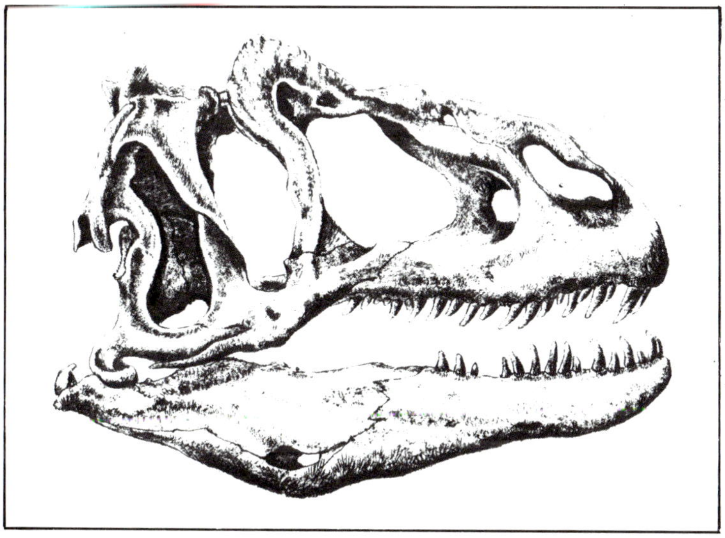

Compsognathus war ein kleiner Dinosaurier, seine Überreste wurden in Bayern, in Gesteinslagen aus dem Jura, entdeckt. Dieses Reptil wurde nicht länger als 1 m, und der Schädel auf dem langen Hals erreichte nur 7,5 cm Länge.

Sthruthiomimus, der etwa 1,50 m lang war, lief auf den Hinterbeinen wie ein Strauß. Auch sein Skelett glich dem dieses Vogels: Er hatte einen langen Hals, einen kleinen Kopf und sehr kurze Vordergliedmaßen.

Die fliegenden Reptilien

In der Welt der Flugtiere wurden alle Größenrekorde geschlagen, als das größte fliegende Reptil, Pteranodon, das 7 m Spannweite gehabt haben muß und etwa 30 kg wog, auf einen zweiten Platz verwiesen wurde. Dies geschah, als man vor kurzer Zeit Knochen entdeckte, deren Untersuchung ergab, daß das zugehörige Tier eine Spannweite von etwas mehr als 10 m gehabt haben muß. Die Zukunft wird vielleicht noch etwas genauere Kenntnisse über diesen Riesen bringen. Die Pterodactyloidea erreichten nicht mehr als 30 cm Spannweite, sie hatten also die Größe eines Spatzen oder einer Amsel. Aber die Pteranodon und Pterodactyloidea, die vor Millionen von Jahren über den Himmel zogen, hatten nicht die Beweglichkeit der heutigen Vögel; sie erinnerten eher an Gleitflieger oder Drachensegler.

Das erste fliegende Reptil war Rhamphorhynchus. Er lebte vom Ende der Trias bis zum späten Jura und wurde allmählich durch höher entwickelte Arten, die Pterodactyloidea, verdrängt, die in Europa und Nordamerika entstanden. Diese Tiere lebten zweifellos an Meeresküsten, See- und Lagunenufern und an Flußmündungen. Sie legten Eier und ernährten ihre Jungen vermutlich mit vorgekauter Nahrung. Man erkennt die Pterodactyloidea an ihren breiten Flügeln, während die Flügel des Rhymphohynchus schmal und zugespitzt waren. Die Pteranodon hatten einen knochigen Kamm auf dem Schädel. In Ruhestellung lagen die Flügel dieser Vögel zusammengefaltet seitlich am Körper, wie die der Fledermäuse. Rhamphorhynchus hatte außerdem eine Schwimmhaut zwischen den Zehen und auf dem ganzen Körper einen dichten haarartigen Flaum. Der erste Fund von Pterodactyloidea wurde 1784 beschrieben. Zu dieser Zeit noch glaubte man, es handle sich um ein Meerestier, aber der französische Naturforscher Georges Cuvier zeigte, daß es ein fliegendes Reptil war. So beherrschten im Mesozoikum die Reptilien alle Lebensräume. Sicherlich waren ihre Flugkünste nicht mit denen der Vögel zu vergleichen und auch nicht mit dem gewandten Flatterflug unserer Fledermäuse. Wahrscheinlich waren sie auf starke Luftströmungen und die Winde über dem Meer angewiesen, um in einer Art Segelflug dahingleiten zu können.

Zwei Vertreter der Pterodactyloidea überfliegen zwei Stegosaurus.

Je nach Art hatten die fliegenden Reptilien entweder konische, spitze Zähne, oder sie waren zahnlos. Die kleinsten Vertreter ernährten sich vermutlich von Insekten oder von kleinen Meerestieren. Die größeren Pteranodon flogen dicht über der Wasseroberfläche und schnappten nach Fischen.

Sie konnten nur in geringe Tiefen tauchen. So nimmt man an, daß sie im Sturzflug kurz den Schnabel ins Wasser tauchten und so ihre Beutetiere fingen.

Die fliegenden Reptilien (hier ein Vertreter der Pterodactyloidea) besaßen verschiedene Merkmale, die man auch bei Vögeln findet (links eine Amsel): ein leichtes, aber stabiles Skelett, hohle Knochen mit inneren Querstäben, um die Stabilität zu erhalten, und große Augenhöhlen, die von einem knochigen Ring umgeben waren.

Rhamphorhynchus benutzte seine Schwanzspitze, die rautenförmig oder dreieckig und mit einer Haut überzogen war, als Gleichgewichts- und Steuerorgan. Der knochige Kamm der Pteranodon hatte vermutlich die Aufgabe eines Seitenruders.

Dieser Pteranodon ist verletzt, er stürzt ab wie ein Stein und wird sterben. Die Flügel der fliegenden Reptilien bestanden aus einer Flughaut und waren darum sehr verletzlich. Mit zerbrochenen Flügeln an den Boden gefesselt, konnten sich diese Tiere nicht mehr weit fortbewegen und mußten verhungern.

Die Sauropoda

Brachiosaurus ist einer der berühmtesten Dinosaurier. Dieser Riese war 23 m lang, an der Schulter gemessen 6 m hoch, und sein Kopf befand sich in etwa 12 m Höhe, das entspricht der Höhe eines vierstöckigen Hauses. Sein Gewicht von 50-80 Tonnen entsprach dem von etwa 12 afrikanischen Elefanten. Manche erreichten vielleicht sogar ein Gewicht von 100 Tonnen, denn nicht alle Brachiosaurus waren gleich groß. Dieser Fleischberg hatte einen winzigen Kopf, säulenförmige Beine und einen langen Schwanz. Der Druck auf die Beine durch den riesigen Körper dieses Tieres war auf festem Boden beträchtlich, tauchte es aber teilweise ins Wasser ein, so nahm der Druck ab. Darum fühlte sich Brachiosaurus im Wasser zweifellos wohler. Das dachten jedenfalls die Paläontologen bis vor wenigen Jahren, und sie nahmen an, daß die großen Dinosaurier nur selten festen Boden betraten. Andere sind jedoch heute der Ansicht, die Dinosaurier hätten vorwiegend auf dem Lande gelebt.

Brachiosaurus mußte beachtliche Mengen von Nahrung zu sich nehmen, um sich am Leben zu erhalten, denn er war ausschließlich Pflanzenfresser. Durch seinen langen Hals war er etwas im Vorteil, denn er konnte auch höher gelegene Blätter erreichen, an die die kleineren Tiere nicht herankamen. Seine ernsthaftesten Rivalen waren Diplodocus und Brontosaurus oder Apatosaurus, der selbst ein schwergewichtiger Pflanzenfresser mit langem Hals war (mindestens 80 Wirbel stützten den Hals) und das Gleichgewicht mit Hilfe seines Schwanzes hielt. Alle Tiere lebten im Jura; die Überreste des Brachiosaurus wurden in Nordamerika (Colorado) und in Afrika gefunden.

Leider ist uns über das Verhalten dieser Tiere nichts bekannt, wie das für alle vor langer Zeit ausgestorbene Arten gilt. Haben diese langhalsigen Riesen vielleicht miteinander gekämpft, indem sie die Hälse gegeneinander schlugen, wie das die Giraffen auch tun? Haben sie versucht, sich mit den mächtigen Körpern gegenseitig zu Fall zu bringen? Oder gingen sie nur mit den Zähnen beißend aufeinander los?

Unter den riesigen Dinosauriern ist Brontosaurus einer der bekanntesten.

Trotz ihrer Massigkeit vermehrten sich die Sauropoda, indem sie Eier wie diese legten, von denen man allerdings nicht genau weiß, von welcher Art sie stammten. In Texas, in den Vereinigten Staaten, hat man Fußabdrücke dieser riesigen Tiere in weichem Gestein aus der Kreide gefunden. In jede einzelne Vertiefung, die durch die enormen Füße dieser Tiere entstanden ist, könnte man einen Stuhl stellen.

Schädel eines Brachiosaurus (rechts) und eines Camarasaurus (links). Letzterer war nur 5 m lang, aber der Kopf war im Verhältnis zu seinem Körper ebenso klein wie der des Brachiosaurus.

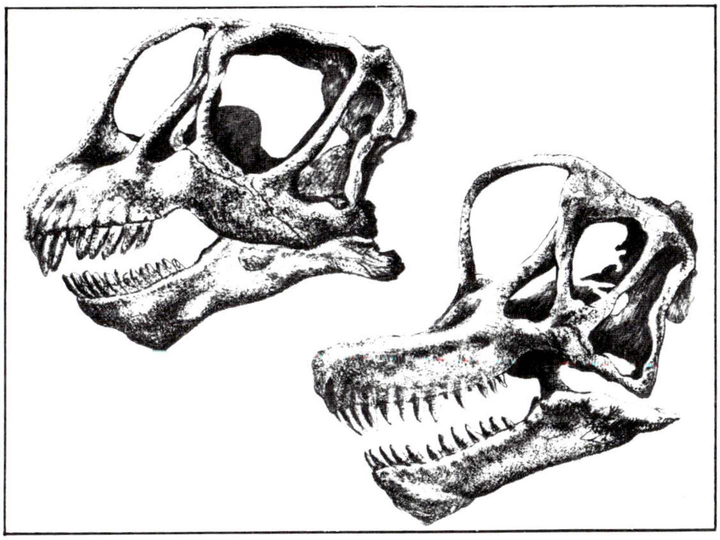

Der Vergleich zwischen dieser Giraffe und Brachiosaurus spricht für sich selbst. Kein heute auf dem Land lebendes Tier könnte es mit diesem Riesen aufnehmen. Die größten männlichen Giraffen erreichen 6 m Höhe und wiegen selten mehr als 1250 kg.

Brachiosaurus nahm mit seinen 12 m Höhe in der Fauna des Mesozoikums als Laubfresser vermutlich denselben Platz ein wie heute die Giraffe. Er hatte praktisch keine Rivalen.

Archaeopteryx

Reptil oder Vogel? Diese Frage taucht im Zusammenhang mit Archaeopteryx immer wieder auf. Die erste Spur von diesem Tier war der Abdruck einer Feder, den man 1860 auf einem Stein in einem bayerischen Steinbruch gefunden hat und der heute in München aufbewahrt wird. Im Jahr darauf machte man einen neuen Fund. Dieses Mal handelte es sich um den Abdruck eines Skeletts von einem gefiederten Tier, dem ältesten Vogel der Welt. Ähnliche Spuren fand man 1877, 1951 und 1956. 1970 untersuchte ein amerikanischer Paläontologe, der das Museum in Harlem (Holland) besuchte, den Abdruck eines Tieres, das man für ein fliegendes Reptil hielt. Er stellte fest, daß es sich in Wirklichkeit um einen Vogel handelte, der Archaeopteryx ähnelte. Alle diese Spuren stammen aus Juragesteinen; man kann also sagen, daß Archaeopteryx vor etwa 130 bis 150 Millionen Jahren gelebt hat. Der Archaeopteryx hatte Merkmale, die sowohl für Reptilien als auch für Vögel typisch sind. Ein einwandfreies Vogelmerkmal waren seine Federn, seine zu Flügeln umgebildeten Vorderbeine und die nach hinten gerichtete Zehe an den Hinterbeinen. Kennzeichnend für ein Reptil dagegen waren die Zähne im Schnabel, die lange Schwanzwirbelsäule, die drei freistehenden Finger an den Vorderbeinen und das Fehlen eines Brustbeinkammes. Sicherlich stammte er von kleinen auf den Hinterbeinen laufenden Reptilien ab. Ob aber unsere heutigen Vögel direkte Nachfahren des Archaeopteryx sind, ist ungewiß. Bisher wurde noch kein Fossil entdeckt, das eine Entwicklungsstufe zwischen dem Archaeopteryx und den echten Vögeln aufzeigt.

Wenn die Vorfahren des Archaeopteryx auf ihren gut ausgebildeten kräftigen Hinterbeinen laufen konnten und die Vorderbeine dazu nicht mehr brauchten, könnten sich an diesen Vorderbeinen im Laufe vieler Jahrtausende aus den Schuppen Federn entwickelt haben. Zunächst war mit Hilfe dieser Federn sicher nur ein Gleitfliegen von einem höheren Platz zu einem niedrigeren möglich. Ein echtes Fliegen, wie es unsere heutigen Vögel zeigen, setzte die volle Ausbildung der Schwingen voraus. Vielleicht ist Archaeopteryx überhaupt ausgestorben und konnte sich nicht weiter entwickeln, und ein ganz anderer Zweig hat von den Reptilien zu den Vögeln geführt. Doch fehlen versteinerte Funde, die darüber etwas aussagen könnten.

So etwa mag der Urvogel ausgesehen haben.

Konnte Archaeopteryx fliegen? Diese Frage haben die Fachleute unterschiedlich beantwortet. Für die einen nahm Archaeopteryx Schwung, indem er lief und sprang, sich dann unter kräftigem Flügelschlagen in die Luft hob, sogleich wieder abbremste und sich auf die Erde niederließ. Für die anderen lebte er in Bäumen und ließ sich manchmal im Segelflug durch die Luft gleiten.
Danach begnügte sich Archaeopteryx also mit dem Segelflug; dafür spricht, daß das Brustbein, das Sternum, keinen Knochenkamm besaß, an dem bei den Vögeln die großen für die Bewegung der Flügel notwendigen Brustmuskeln ansetzen.

Die Federn des Archaeopteryx waren denen der heutigen Vögel sehr ähnlich. Die drei Finger an den Flügeln endeten in Krallen. Und schließlich ein besonderes Merkmal: Seine Kiefer trugen mehr als 40 Zähne.

In Bezug auf die Größe kann Archaeopteryx mit einer Krähe (links) oder einer Möwe verglichen werden. Sein langer Schwanz bestand aus 20 bis 23 Wirbeln. Die heutigen Vögel besitzen keine Schwanzwirbelsäule mehr.

Die Reste des Archaeopteryx, die in Deutschland gefunden wurden, sind Abdrücke in feinem Schlamm, aus dem Schiefer entstand. Diese Abdrücke sind derzeit in mehreren Museen, hauptsächlich in Berlin und London, aufbewahrt.

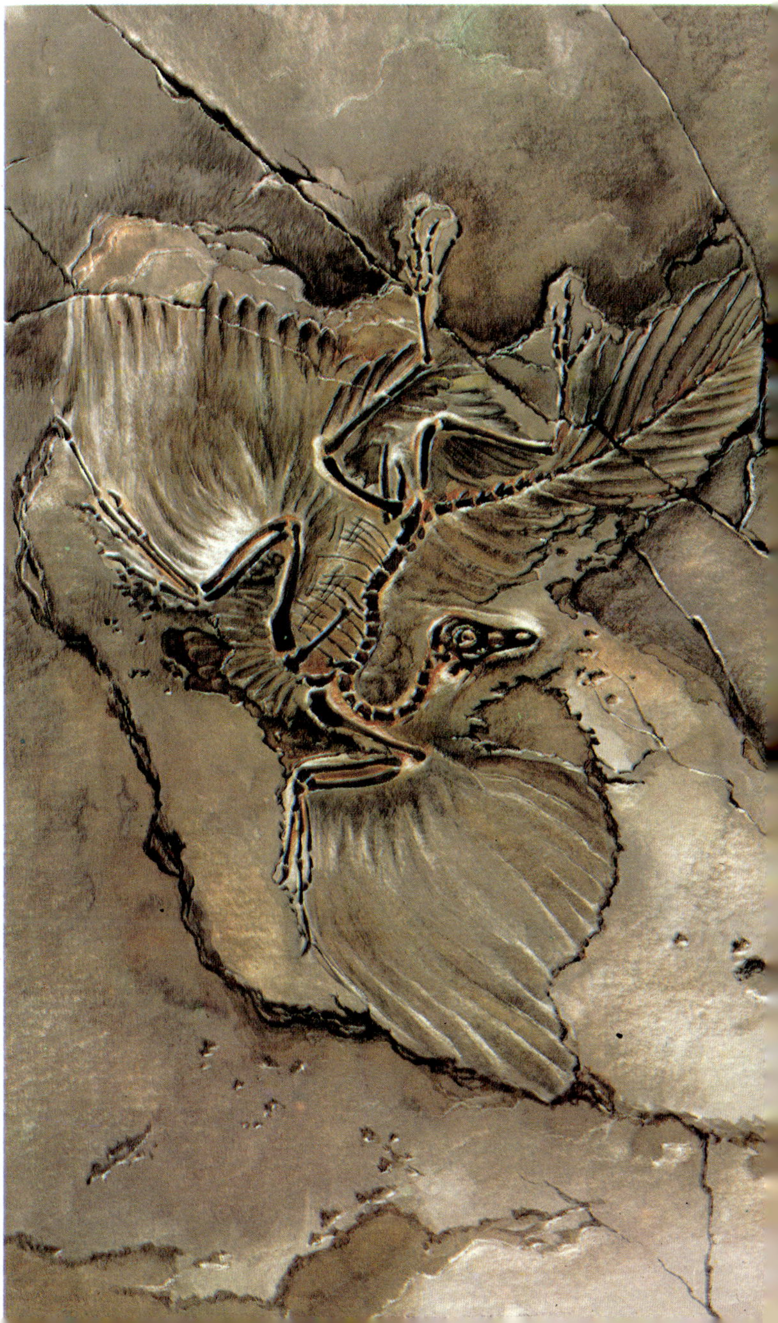

Die im Wasser lebenden Dinosaurier

Die Meere des Jura und der Kreide waren von riesigen Tieren bevölkert: den Ichthyosauriern und Sauropterygia. Während die erstgenannten Fischen oder Delphinen sehr ähnlich waren, hatten die Sauropterygia die Gestalt der auf dem Land lebenden Dinosaurier. Manche wurden bis zu 20 m lang; der Schädel eines der größten, Kronosaurus, maß nahezu 3 m. Unter den Plesiosauriern oder Schlangensauriern erreichte der Elasmosaurier eine Länge von 14 bis 16 m. Er wurde in Nordamerika gefunden. Sein langer und biegsamer Hals wurde von 76 Wirbeln gestützt. Er hatte 4 Schwimmflossen von gleicher Länge, die wie Paddel die Fortbewegung sicherten. Der kleine spitz zulaufende Schwanz hatte nur die Funktion eines Steuerruders. Bei den Ichthyosauriern jedoch war der Schwanz ein wichtiges Instrument der Fortbewegung. Diese Reptilien ernährten sich vermutlich von Fischen, Tintenfischen und Belemniten. Die Plesiosaurier waren sehr viel kleiner, sie wurden kaum größer als 4,50 m (der kleinste war 1,80 m). Die Plesiosaurier lebten im Jura, ihre konischen Zähne wurden bis zu 24 cm lang und saßen in einem Schädel, der immerhin 1,50 m maß. Diese Tiere schwammen wie Pinguine, jedoch hatten sie 4 Flossen.

Die Ichthyosaurier oder Fischsaurier unterschieden sich stark von den Plesiosauriern. Sie lebten vom Trias bis zur späten Kreide. Von allen urgeschichtlichen Reptilien waren sie sicher am besten an das Leben im Wasser angepaßt. Sie waren den Fischen vergleichbar, nicht nur wegen ihrer stromlinienförmigen, hydrodynamischen Gestalt, sondern auch wegen ihres Skeletts. Die Gelenke der Wirbel erlaubten es ihnen, beim Schwimmen mit dem Körper schlängelnde Bewegungen zu machen. Die Schwanzflosse stand senkrecht wie die der Haie. Der Schädel der Ichthyosaurier war groß, mit langen Kiefern, auf denen spitze Zähne saßen. Manche der aufgefundenen Versteinerungen zeigen noch Reste der Mahlzeiten im Magen oder ein Junges, das kurz vor der Geburt stand. Mit ziemlicher Sicherheit waren zumindest einige Arten, die das Wasser gar nicht verlassen konnten, lebendgebärend. Die Jungen mußten sich gleich nach der Geburt selbständig machen und waren dabei Gefahren durch zahlreiche Räuber ausgesetzt.

Elasmosaurier, ein Ungeheuer von etwa 15 m Länge.

Kronosaurus, wie die Elasmosaurier ein regelrechtes Ungeheuer (er gehörte jedoch einer anderen Gruppe an), lebte in der Kreide. Sein riesiger Kopf wurde 2,70 m lang. Er hatte lange Kiefer mit zahlreichen Zähnen, mit deren Hilfe er andere Wasserreptilien und Fische mühelos fassen konnte. Seine Überreste wurden in Ablagerungsgesteinen in Queensland, im Nordosten Australiens, gefunden. Einer seiner Artverwandten, Trinacromerus, war 3 m lang und besaß sehr ähnliche kleine Zähne.

Unten das Skelett eines Fußes von Peloneustes philarchus, einem Vertreter der Sauropterygia im Jura, das eine große Zahl von kleinen Knochen an den fünf Zehen aufweist. Darüber der Zahn eines anderen Vertreters der Sauropterygia im Jura, Pliosaurus grandis.

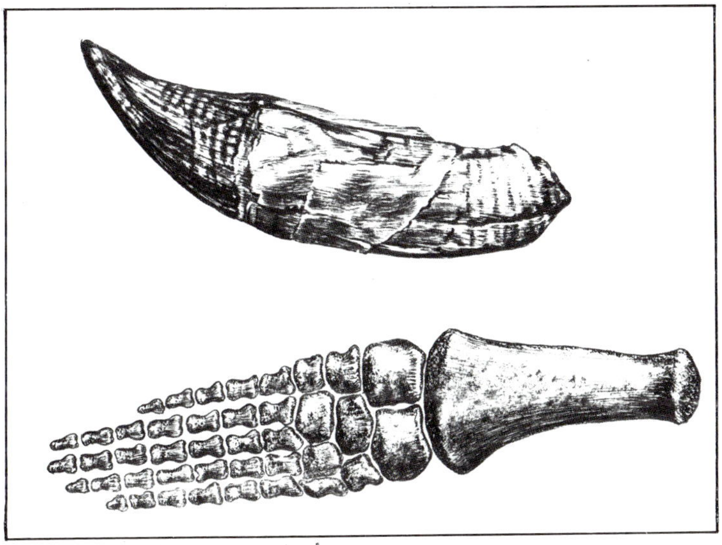

Diese drei Tiere gehören ganz verschiedenen Gruppen an: Der Delphin (oben) ist ein heute noch lebendes Säugetier. Der Hai (unten) ist ein Fisch. Aber der Ichthyosaurier (Mitte) ist ein im Wasser lebendes Reptil, das vor etwa 130 Millionen Jahren ausgestorben ist.

Die Elasmosaurier waren die größten Plesiosaurier. Ihnen verwandt waren die Nothosaurier, kleinere amphibische Reptilien der Trias. Sie waren zwischen 60 cm und 3 m lang. Ihre mit Schwimmhäuten versehenen Zehen erleichterten ihnen die Fortbewegung im Wasser.

Iguanodon und Stegosaurus

Im Jahre 1878 entdeckten Bergleute in Bernissart (Belgien) 322 m unter der Erde 31 Iguanodonskelette. Das Größte unter ihnen war 7,50 m lang, und das Gewicht des Tieres schätzte man auf 4,5 Tonnen. Die Iguanodon sind in der Mitte des Jura entstanden und haben bis in die Kreide gelebt. Fossile Abdrücke haben uns Hinweise auf die Fortbewegungsart dieser Tiere geliefert: beim Laufen hoben sie den Schwanz an und stützten sich auf den drei Zehen ihrer Hinterfüße ab. Zum Springen dürften sie nicht in der Lage gewesen sein; in Ruhestellung setzten sie sich auf Hinterfüße und Schwanz wie es die Känguruhs tun. Ohne Panzer, Hörner, Stachel oder andere Verteidigungswaffen konnten diese Pflanzenfresser ihren Feinden nur durch die Flucht entkommen.

Im Gegensatz dazu hatte Stegosaurus, ein anderer Dinosaurier derselben Gruppe, auf dem Rücken und dem Schwanz zwei parallele Reihen großer, dreieckiger, knochiger Panzerplatten. Diese Auswüchse maßen 1,20 m in der Länge und in der Breite, die Schwanzplatten wurden nur 60 cm lang. Wozu dienten die Rückenplatten?

Einige Fachleute meinen, daß die Platten auf die Körperseiten heruntergeklappt werden konnten. Stegosaurus lebte in Europa, Asien und Nordamerika, wo auch die ersten Vertreter vor etwa 100 Jahren gefunden wurden. Die größten Tiere wurden 9 m lang, 3,50 m hoch, und man nimmt an, daß sie ein Gewicht von 1700 kg hatten. Sie hielten sich aufrecht, um an die Zweige heranzukommen, von denen sie sich ernährten. Vielleicht waren die gepanzerten Platten ein Schutz vor von hinten angreifenden Feinden.

Hadrosaurier waren große Vertreter der Ornithischia, ihr Gewicht lag bei 3 Tonnen. Mehrere Reihen kleiner Zähne, etwa 2000 insgesamt, dienten dazu, die Nahrung zu zermalmen.

Corythosaurus lebte wahrscheinlich sowohl an Land als auch im Wasser. Um das Gewicht der helmartigen Wülste auf dem Kopf zu verringern, waren diese von luftgefüllten Kammern durchsetzt.

Ein Iguanodon wird von einem Allosaurier angegriffen.

Die Camptosaurier waren, was ihre Ausmaße anbelangt, den Iguanodon absolut vergleichbar. Die Tiere waren nahe Verwandte und gehörten zur gleichen Familie. Die Camptosaurier erreichten 6 bis 10 m Länge, und ihr Gewicht wird auf 700 kg geschätzt. Die meisten Fossilien dieser Tiere wurden im Staat Wyoming (USA) gefunden. In Ruhestellung haben sie sich wahrscheinlich auf die Vorderfüße abgestützt.

Links das Beckenskelett eines Vertreters der Ornithischia: Einer der Knochen, das Schambein, hat einen nach vorne gerichteten Fortsatz, während das Schambein selbst nach rückwärts gewandt und parallel zum Sitzbein, einem benachbarten Knochen, liegt. Rechts das Beckenskelett eines Vertreters der Saurischia: Das Schambein ist schräg nach vorn-unten gewandt, das Sitzbein schräg nach hinten-unten.

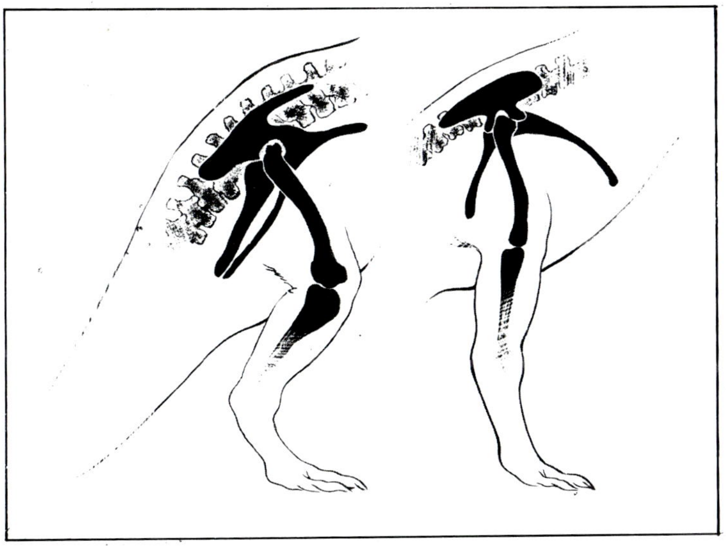

Die Corythosaurier besaßen einen Helmschutz, der an den Helm des Kasuar, eines großen Vogels in Neuguinea, erinnert. Dieser Kamm war durch Kanäle mit den Nasenlöchern verbunden und weitgehend mit Luft gefüllt. Die Vorderfüße hatten Schwimmhäute.

Dieser Stegosaurus (im Vordergrund) wird von einem Ceratosaurus bedroht. Er kann natürlich versuchen, sich mit heftigen Schlägen seines stacheligen Schwanzes zu verteidigen. Jeder Kiefer trug 23 kleine Zähne, mit denen er Pflanzen abriß.

Die gehörnten Dinosaurier

Die gehörnten Dinosaurier waren die letzten Tiere, die in der Kreide entstanden. Die Tiere wirkten wie Festungen, mit Stacheln und Schilden bewaffnet. Zunächst beschränkte sich ihre Bewaffnung auf Schutzkrausen um den Hals. Diese Krause entwickelte sich später weiter, wurde mit Stacheln versehen und dadurch wirkungsvoller. Die Ausmaße dieser Tiere, Ceratopsier genannt, sind denen des uns heute bekannten Rhinozeros vergleichbar. Dennoch erreichten einige Arten eine Länge von 7,50 m und ein geschätztes Gewicht von 8,5 Tonnen, also das Doppelte der heutigen Säugetiere. Die Zahl der Hörner über Schnauze und Kopf war je nach Art unterschiedlich: Triceratops hatte drei, während Monoclonius nur eines besaß. Mit derartigen Verteidigungswaffen brauchten diese Tiere keine Angreifer zu fürchten; griffen sie selbst einen Gegner an, dann zog dieser es sicher vor, zu fliehen.
Was wir heute vom Leben dieser gehörnten Dinosaurier wissen, verdanken wir nicht nur der Untersuchung von Skeletten, die in Nordamerika – von Kanada bis Neumexiko – und in Asien gefunden wurden. Paläontologen haben in der Mongolei Gelege von Protoceratops, einem der ersten Vertreter der Gruppe, gefunden. Diese Gelege zählten zwischen 10 und 15 Eiern, die kreisförmig halb in den Sand vergraben waren. Die Eier waren wie Vogeleier von einer harten Schale umgeben, das Ausbrüten wurde vermutlich der Sonne überlassen, wie das auch heute noch bei vielen Reptilien geschieht. Zu den letzten Dinosauriern zählt man auch Pachycephalosaurus oder Stegoceras aus Nordamerika, dessen Name „dicker Kopf" bedeutet. Sein Kopf, der die Form eines Keils hatte, war gegen starke Stöße gewappnet. Die Schädeldecke über dem Gehirn erreichte eine Dicke von 25 cm.
Ähnliche Stirnfortsätze, wie sie die gehörnten Dinosaurier hatten, finden wir auch heute noch bei einigen Reptilien. So besitzt zum Beispiel das Dreihornchamäleon aus Afrika vergleichbare Gebilde an seinem Kopf. Bei dieser Art werden die Hörner vor allem im Kampf zwischen Artgenossen eingesetzt.

Wegen seiner guten Panzerung hatte der Triceratops wahrscheinlich nicht sehr viele Feinde.

Beim Protoceratops der Kreide waren die Vordergliedmaßen schwächer als die Hintergliedmaßen; man kann also vermuten, daß dieses Tier von zweibeinigen Ahnen abstammt. Der Schädel des Männchens war länger als der des Weibchens, da man Größenunterschiede innerhalb derselben Art feststellen konnte. Protoceratops (Kanada), ein naher Verwandter des Triceratops, maß etwa 1,20 m Schulterhöhe. Die Schutzkrause hinter dem Schädel entstand aus einer Verlängerung der Scheitelbeine und bedeckte einen Großteil der verletzlichen oberen Halspartie.

Im Vergleich zu Triceratops sieht das Indische Rhinozeros recht klein aus! Dennoch erreichen die größten Tiere 1,80 m Höhe und ein Gewicht von mehr als 2 Tonnen. Der Schädel des Triceratops prorsus aus Wyoming war 2,15 m lang.

Wenn man die Schädel der verschiedenen Vertreter der gehörnten Dinosaurier (in Klammern das Ursprungsland der Fossilien) miteinander vergleicht, stellt man fest, daß die Formen der Hörner und Schutzkrausen sehr unterschiedlich waren. Die Tiere hatten auch nicht alle dieselbe Größe.

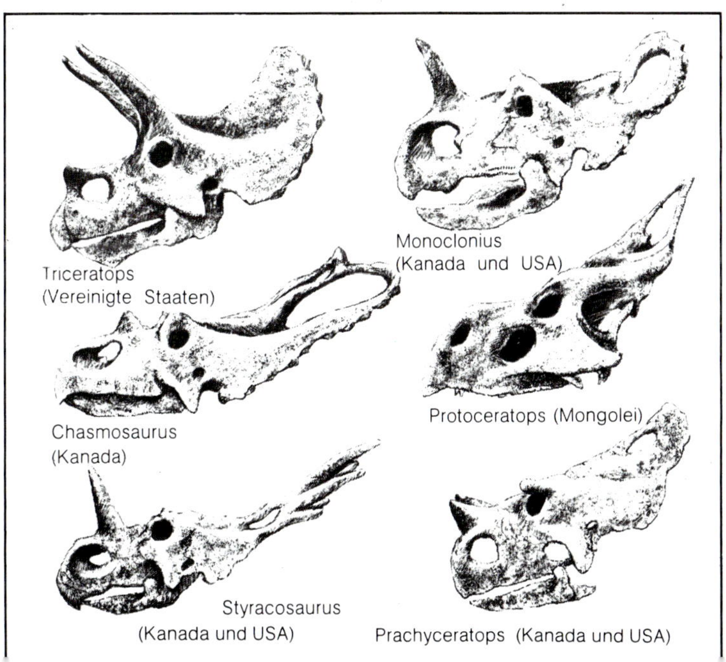

Monoclonius (unten) war etwa 5 m lang. Er läßt sich durch sein einzelnes Horn und die gekerbte Schutzkrause leicht von Triceratops unterscheiden. Die gehörnten Dinosaurier hatten kräftige Zähne, die Pflanzenfasern zermahlen konnten.

Primitive Huftiere

Solange die Dinosaurier den Himmel, das Wasser und das Land beherrschten, waren die Säugetiere klein und führten, so scheint es, ein zurückgezogenes Leben. Aber als ihre Konkurrenten ausstarben, entstanden immer mehr neue und größere Arten. Diese Zeit der Ausbreitung liegt am Anfang des Tertiärs, das aus diesem Grund auch das Zeitalter der Säugetiere genannt wird. Dennoch waren die Säugetiere zu dieser Zeit nicht die einzigen Tiere auf der Erde. Der Übergang zwischen den Fleischfressern der Gruppe der Creodonten und den eigentlichen Huftieren wurde durch die Candylarthra geschaffen. Die Fachleute haben sie mit anderen Tieren zu einer Gesamtheit der alttertiären Huftiere, d. h. der primitiven Huftiere, zusammengefaßt. Die Phenacodus waren typische Vertreter. Diese Tiere hatten einen länglichen Körper und waren in ihren Ausmaßen dem Wolf oder dem Fuchs vergleichbar. Der Aufbau ihres Schädels und ihrer Kiefer zeigt, daß sie Pflanzen- und Fleischfresser gewesen sein müssen.
Die Phenacodus konnten nicht schnell laufen, denn sie stützten sich auf die Fläche des Fußes ab. Es waren also nicht wirkliche Huftiere, die sich nur auf den Spitzen ihrer Zehen fortbewegen. Erst nach einem langen Entwicklungsprozeß nahm die Zahl der Zehen ab, und der Aufbau der Gliedmaßen änderte sich. Ganz allmählich verlängerten sich bestimmte Knochen, während andere an Bedeutung verloren und schließlich ganz verschwanden. Die Knöchel- und Handgelenksknochen verschmolzen, und die Gelenke wurden vereinfacht.
Die primitiven Huftiere wurden in zahlreiche Gruppen aufgeteilt: Man unterscheidet die alttertiären Huftiere, die Perissodactyla, die Dinocerata und die Pantodonta.
Die meisten von ihnen lebten in dicht mit Pflanzen bewachsenen Gebieten, wo sie Schutz vor den größeren Raubfeinden finden konnten. Erst mit abnehmender Zehenzahl und damit zunehmender Schnelligkeit konnten sie sich in offene Steppengebiete hinauswagen.

Phenacodus, eines der am häufigsten vertretenen primitiven Huftiere.

Syntethoceras, der im Pliozän lebte, besaß drei Hörner, von denen das längste – am Ende gespalten – einen sehr ungewöhnlichen Platz an der Spitze der Schnauze einnahm. Die anderen Hörner waren etwa um zwei Drittel kürzer. Dieser Wiederkäuer aus Nordamerika wird heute nicht mehr als ein Verwandter der Giraffe angesehen, er gehört zu einer anderen Gruppe. Einige Paläontologen hatten die beiden Tiere als Verwandte miteinander in Verbindung gebracht, und zwar auf Grund des Vorhandenseins von mehreren Hornern. Dieses Merkmal stellt jedoch nur eine Parallele dar und spricht nicht für eine wirkliche Verwandtschaft.

Der Schädel des Macrauchenia erinnert mit seiner länglichen und schmalen Form an den eines Pferdes. Die Backenzähne sind am besten entwickelt. Die Füße der Vordergliedmaßen (links) hatten nur drei Zehen.

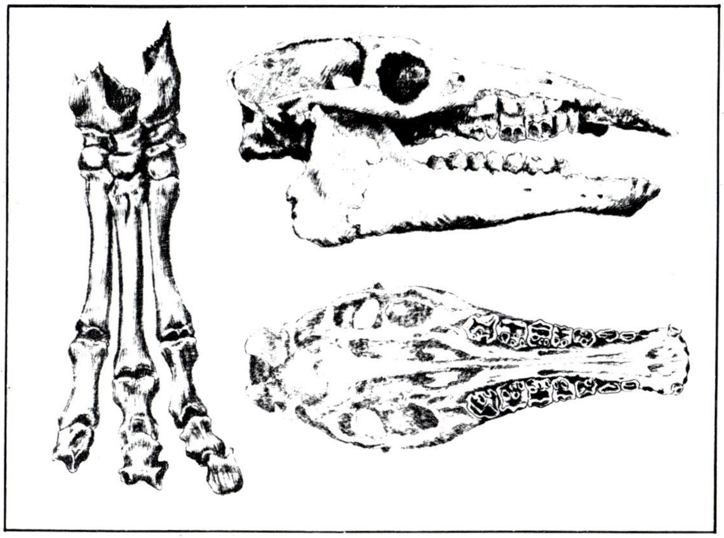

Die unteren Backenzähne des Diadiaphorus (unten) hatten vier Wurzeln, und die Ränder bildeten einen Halbkreis. An dem abgebildeten Schädel (oben) stellt man fest, daß die Eckzähne fehlen. Links der Teil eines Fußes desselben Tieres: eine lange einzelne Zehe, die Mittelzehe, trägt das Körpergewicht.

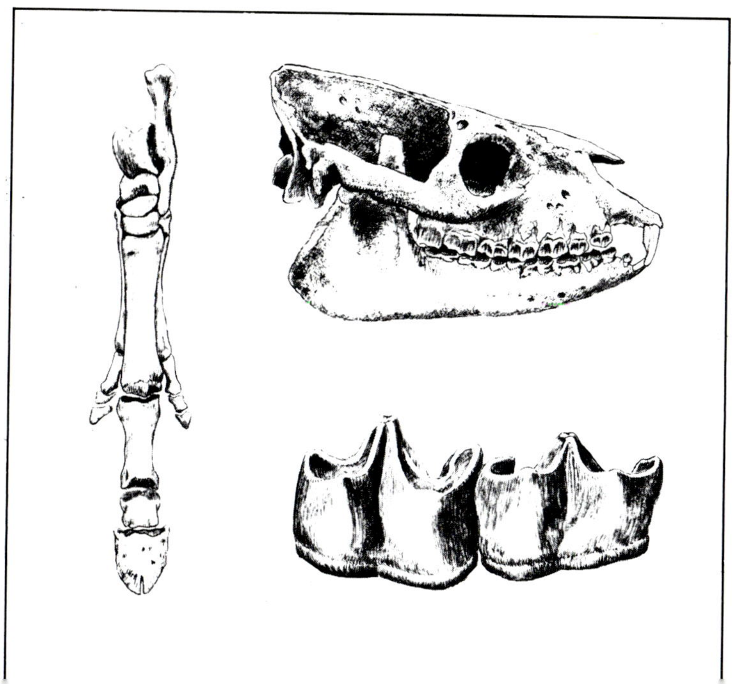

Macrauchenia gehörte zur Gruppe der Litopterna. Er erinnerte an ein Kamel. Seine zu einem Rüssel verlängerte Schnauze war nach unten gebogen. So jedenfalls wird er gewöhnlich auf Rekonstruktionen dargestellt.

Das Pferd

Vor 60 Millionen Jahren fraßen kleine Säugetiere von etwa 30 cm Höhe die Blätter im Unterholz der Wälder. Sie wurden von den Wissenschaftlern Eohippus genannt und bildeten den Anfang einer langen Entwicklungslinie, an deren Ende das Pferd steht. Die Glieder, die dazwischen liegen und die beiden Enden der Kette miteinander verbinden, wurden nach und nach von den Paläontologen entdeckt. Die Entwicklungsgeschichte des Pferdes ist die bestbekannte in der Tierwelt. Auch ist die Zahl der Fossilien sehr hoch. Das Museum für Naturgeschichte in New York besitzt allein etwa 600. Dennoch ist die Geschichte nicht so einfach wie sie zunächst scheint, denn zahlreiche Seitenlinien des Stammbaums sind ausgestorben. So gab es im Eozän und im Oligozän nicht weniger als 15 Familien der Perissodactyla, zu der das Pferd, das Rhinozeros und der Tapir gehört, aber 12 von diesen Familien hatten keine Nachfahren. Vermutlich hat man sogar den Vorfahr von Eohippus gefunden: man hat ihn Tetrachaenodon genannt. Er lebte kurz vor Beginn des Eozän in Nordamerika.

Wenn man die Vorfahren des Pferdes, die sich über 30 bis 40 Millionen Jahre hinweg immer wieder fortgepflanzt haben, miteinander vergleicht, stellt man fest, daß sie immer größer wurden. Gleichzeitig nahm die Zahl der Zehen ab, und das Gebiß veränderte sich, so daß die Tiere schließlich nicht nur Zweige und Blätter zermahlen, sondern auch Gräser abreißen konnten. Eohippus, der zu Beginn des Eozän lebte, hatte vier recht weit auseinander stehende Zehen. Im Oligozän hatte Mesohippus, Vertreter einer anderen Art, bereits die Größe eines Schafes, und seine Füße nur noch drei Zehen. Im Miozän erreichte Merychippus bereits 1 m Höhe, er besaß zwar immer noch drei Zehen, aber die mittlere trug allein das ganze Gewicht. Mit Pliohippus im Pliozän wird das verstärkte Wachstum noch deutlicher: er war 1,25 m hoch.

In Europa und Asien wurde das letzte lebende echte Wildpferd, das Przewalskipferd, im vergangenen Jahrhundert ausgerottet. Nur noch in einigen Zoos und Wildgehegen wird es heute gehalten und gezüchtet. Vielleicht ist es einmal möglich, eine kleine Herde wieder in die Freiheit zu entlassen.

Die Pferde, vom kleinsten bis zum größten: Eohippus, Mesohippus, Merychippus, Pliohippus und schließlich Equus, das heutige Pferd.

Die großen Fleischfresser des Pliozän, wie Machairodus in Europa und Asien, waren sicherlich die Hauptfeinde des Hipparion, der in denselben Landschaften lebte. In Nordamerika verfolgte Smilodon die Vorfahren des Pferdes. Hipparion lebte vermutlich in mehr oder weniger großen Herden, wie es seine Verwandten heute noch tun: die Zebras, Esel und Przewalskipferde. Innerhalb der Herde hatten die Männchen eine vorherrschende Rolle.

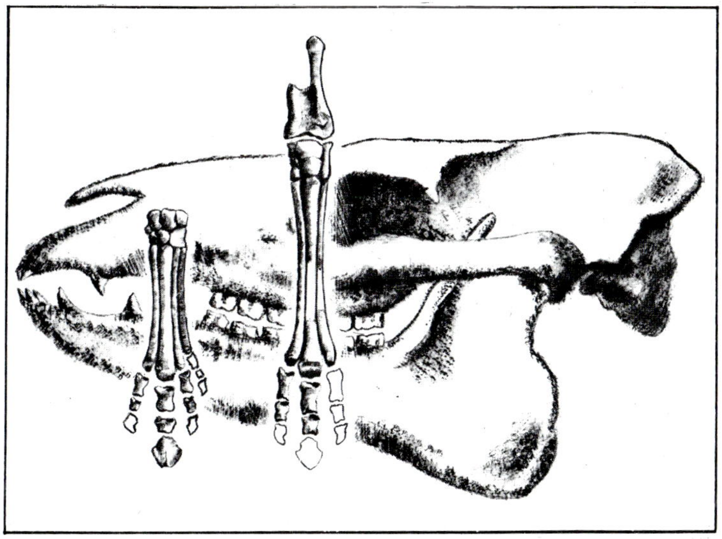

Schädel und Füße des Hyracotherium, des ältesten Vorfahren des Pferdes. Das heutige Pferd hat nur noch eine Zehe am Ende jedes Fußes; die Zähne des heutigen Pferdes sind sehr viel länger als die seiner Vorfahren.

Das Hauspferd, das wahrscheinlich von den Pferden, die im Quartär gelebt haben, abstammt, war für die prähistorischen Menschen Jagdwild. Unsere Vorfahren haben das Pferd auf den Wänden der Höhlen, in denen sie lebten, abgebildet. Das Pferd von Lascaux (oben) ist eines der bekanntesten.

Tarpan, ein primitives Pferd, das in Europa und Asien gelebt hat, war ein Tier, das die prähistorischen Menschen gejagt, gegessen und gezeichnet haben. Die letzten Vertreter lebten und starben im 19. Jahrhundert in der Ukraine. Heute lebt nur noch das Przewalskipferd als wirkliches Wildpferd. In Freiheit ist es vermutlich ausgerottet worden. Aber in verschiedenen Zoos in aller Welt leben noch etwa 300 Przewalskipferde und vermehren sich auch.

Riesenvögel

Die größten bekannten Vertreter der Reptilien haben vor Millionen von Jahren gelebt, die größten Vögel dagegen, die es jemals gegeben hat, sind erst vor ein paar tausend Jahren oder sogar erst vor ein paar hundert Jahren ausgestorben. Darunter auch der „Felsvogel", der in Reiseberichten erwähnt wird, und vermutlich Aepyornis aus Madagaskar war. Dieses Tier gehörte zu einer Familie, deren größte Vertreter zwischen 250 und 450 kg gewogen haben; hinsichtlich ihrer Größe übertrafen sie also den Strauß bei weitem (dieser erreicht maximal 150 kg). Die größten Vögel, die Dinornis aus Neuseeland, wurden 2,55 m hoch! In früherer Zeit (Oligozän und Miozän) durchstreiften andere große Vögel die Ebenen Südamerikas, Nordamerikas und Europas. Die Phororaciden zum Beispiel, deren Überreste in Patagonien gefunden wurden: sie waren im Durchschnitt 1,50 m hoch, die größten jedoch erreichten auch 3 m! Diese Vögel hatten einen massigen Schädel und einen kräftigen Schnabel. Wie Aepyornis und Dinornis konnten sie wegen ihres Gewichts und wegen ihrer kleinen Flügel nicht fliegen. Diese Tiere ernährten sich von allen kleinen auf dem Land lebenden Tieren, die ihnen begegneten.
Im Eozän kamen in Europa und Nordamerika recht ähnliche Vögel einer anderen Familie vor, die Diatrymiden. Sie besaßen einen mächtigen Schnabel. Im Pliozän und im Holozän lebten auf der Nordinsel von Neuseeland die Moas. Auf der Südinsel sind diese Tiere erst vor 300 bis 250 Jahren ausgestorben, das heißt zu Beginn des 18. Jahrhunderts. Die Moas hatten drei normal entwickelte Zehen, eine vierte, sehr kleine Zehe saß an der Rückseite des Fußes. Die Ähnlichkeiten, die es zwischen diesen großen Vögeln der Urgeschichte und den heutigen Arten, wie dem Strauß, gibt, haben einige Fachleute dazu veranlaßt, alle Tiere zu einer Gruppe zusammenzufassen. Heute wird dieser Gedanke nicht mehr akzeptiert. Man kann allenfalls sagen, daß diese Vögel eben an gleiche Lebensformen angepaßt waren, das heißt an ein Leben in freien übersichtlichen Steppengebieten. Hier hatten sie weiten Überblick und konnten Feinde rechtzeitig wahrnehmen. Auf ihren massigen Beinen gelang ihnen nicht nur eine rasche Flucht, sie konnten sich damit auch gegen Feinde erfolgreich zur Wehr setzen. Sicher war es nichts Ungewöhnliches, daß einem Raubtier durch einen Tritt oder Schlag des Fußes, von Aepyornis etwa, der Bauch aufgeschlitzt oder die Rippen gebrochen wurden. Auch die heute lebenden großen Straußenvögel können sich mit ihren Beinen Feinden gegenüber als gefährliche Gegner erweisen. So konnte nur der Mensch mit seinen Waffen und durch List beim Überwältigen der großen Vögel dazu beitragen, daß sie keine Überlebenschancen hatten.

Aepyornis, ein Riesenvogel, der nicht fliegen konnte.

Das Schlüpfen eines jungen Dinornis. Wir wissen nicht, ob alle Dinornis dieselbe Anzahl Eier legten. Man fand die Gelege von ein oder zwei Arten (19 Arten lebten in Neuseeland); sie bestanden beide aus einem einzigen Ei. Das bedeutet aber nicht, daß es bei den anderen Arten auch so war. Außerdem gehörten die Dinornis zu zwei verschiedenen Familien. Die Paläontologen entdeckten viele Eier, die meisten waren aber zerbrochen. Die Schale der unverletzten Eier war meist weiß oder hellgrün und nicht sehr dick.

Die größten Vogeleier, die wir kennen, sind die Eier des Aepyornis aus Madagaskar: einige waren 32,5 cm lang und 23,5 cm breit. Hier verkleinert: in der Mitte ein Hühnerei, dann ein Straußenei und schließlich ein Aepyornisei.

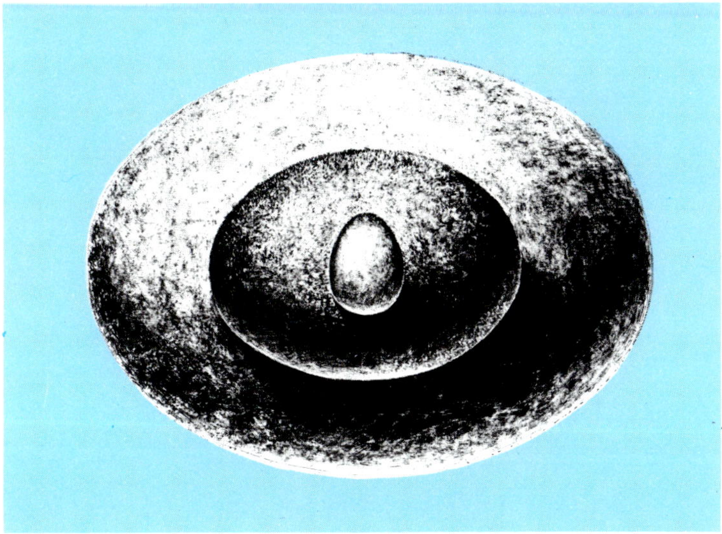

Diese Maoris haben gerade einen Moa getötet und beginnen ihn auszunehmen. Die großen Vögel ernährten sich vermutlich von Pflanzen. Sie rissen Gräser, Blätter und Zweige mit dem Schnabel ab, aber sie fraßen auch Beeren und Körner.

Maoris greifen einen Moa an. Die Polynesier sind vor etwas mehr als 1000 Jahren in Neuseeland eingewandert. Nach den Spuren zu schließen, die man neben Lagerspuren in den Höhlen gefunden hat, haben sie die Moas ausgiebig gejagt.

Die fleischfressenden Säugetiere

Löwe und Tiger, die größten heute lebenden katzenartigen Raubtiere, hatten Vorfahren, die genauso furchterregend aussahen und den prähistorischen Menschen sicherlich Angst eingejagt haben. Diese Tiere, die Machairodus, lebten in Europa und in China im Miozän und im Pleistozän. Ihre oberen Eckzähne sahen aus wie Dolche, sie wurden 10 bis 14 cm lang. Der hintere Rand der Zähne war gezackt und machte sie zu gefährlichen Waffen. Die unteren Eckzähne waren stumpf, und das aus gutem Grund, denn sonst hätte das Tier sein Maul nicht schließen können. Die Tiere Amerikas, die den Machairodus entsprachen, waren die Smilodon, die auch „Säbelzahntiger" genannt werden. Sie waren die letzten großen urgeschichtlichen Fleischfresser, denn sie lebten erst im Pleistozän. Die Überreste dieser Tiere wurden unter anderem in Bitumenablagerungen in Kalifornien erhalten. Die kräftigen oberen Eckzähne des Smilodon waren sehr viel größer als die des Machairodus, sie erreichten 20 cm Länge.

Eine andere Art der urgeschichtlichen katzenartigen Raubtiere, die Dinictis, lebten im Tertiär in Nordamerika. Sie zeigten die gleichen Merkmale wie die oben beschriebenen Arten: Stark entwickelte Eckzähne, so daß die zwischen ihnen liegenden Vorderzähne praktisch keine Funktion mehr hatten. Diese großen katzenartigen Raubtiere sind alle ausgestorben. Um ihr Aussterben zu erklären, wurden mehrere Gründe genannt. Einige Paläontologen meinen, daß die außerordentliche Entwicklung der oberen Eckzähne es den Tieren unmöglich machte, sich an geringe Veränderungen ihrer Beute anzupassen, was ihren Untergang nach sich zog. Außerdem waren die Tiere durch die riesigen Zähne nicht mehr fähig, wirkungsvoll zuzubeißen.

Ursprünglich waren diese Zähne außerordentlich wirksame Tötungswerkzeuge, die tief in den Körper einer Beute eindringen konnten. Bei zunehmender Länge jedoch war es den Raubkatzen nicht mehr möglich, das Maul beim Zubiß weit genug zu öffnen, um die dolchartigen oberen Eckzähne in die Beute zu schlagen.

Ausgewachsener Machairodus und zwei Jungtiere

Dieser Machairodus ist im Begriff, ein Hipparion, den Vorfahr des Pferdes, anzugreifen. Beide Tiere lebten im Miozän, im Gebiet des heutigen Eurasien. Machairodus hat vermutlich auch Antilopen erlegt, vielleicht sogar Elefanten. Zu Beginn des Pleistozäns lebten in Europa andere große katzenartige Raubtiere: so der Höhlenlöwe. Trotz seines Namens ist dieses Tier nicht direkt mit dem Löwen Afrikas oder Asiens oder mit dem Tiger verwandt.

Die primitiven Fleischfresser, Vertreter der Gruppe Creodonten, sind alle ausgestorben. Einige von ihnen werden als die Vorfahren einiger heute lebender Arten angesehen. Smilodon – hier im Vergleich mit einem Tiger – gehörte zu einem heute ausgestorbenen Ahnenstamm.

Dieses mächtige Beuteltier, Thylacosmilus, vertrat in Australien den Platz der großen urgeschichtlichen Fleischfresser. Er hatte kräftige Krallen, einen löwenkopfgroßen Schädel und ernährte sich wie die heutigen Löwen – aber sein Gebiß war grundsätzlich anders angelegt. In gewisser Weise ähnelte er also den katzenartigen Raubtieren.

Nicht weit von Los Angeles (Vereinigte Staaten) hat man in Bitumensümpfen, die durch an die Oberfläche dringendes Öl entstanden sind, neben Knochen zahlreicher pflanzenfressender Tiere, die Knochen von 1000 Smilodon und 1500 Wölfen gefunden. Als sie Beutetiere verschlingen wollten, die in dieser natürlichen Falle gefangen waren, kamen sie selbst darin um. Genaue Untersuchungen zeigten, daß ein Teil dieser Tiere vor 15 Millionen Jahren gelebt hat.

Megatherium und Glyptodon

Megatherium, etwa so groß wie ein Nilpferd, erreichte 6 m Höhe, wenn es sich auf seinen Hinterbeinen aufrichtete, um die höher gelegenen Blätter, von denen es sich ernährte, zu erreichen. Es ähnelte einem riesenhaften Faultier. Man nimmt an, daß es sogar kleine Bäume entwurzeln konnte. Im Unterschied zu den heute im tropischen Amerika beheimateten Faultieren, lebte Megatherium auf dem Boden und nicht auf Bäumen. Seine Vorfahren konnten noch in die Bäume klettern, aber im Laufe der Evolution nahm ihre Größe und ihr Gewicht so zu, daß sie gezwungen waren, auf dem Boden zu bleiben.
Megatherium gehört zu der Gruppe der Xenarthra, ein Name, der aus dem Griechischen kommt und „fremdartige Gelenke" bedeutet. Die gelenkige Verbindung der Wirbelkörper ist bei den Faultieren anders als bei den meisten Säugetieren. Das erste vollständige Skelett dieses Tieres wurde 1789 in der argentinischen Pampa gefunden und zur genaueren Untersuchung nach Madrid transportiert. Dieser Sohlengänger lebte im Pleistozän, er konnte sich nicht sehr schnell fortbewegen, beim Gehen stützte er sich auf seine vier, mit kräftigen Krallen versehenen Füße. Er kam auch im Süden der Vereinigten Staaten vor. Dieses Tier ist vor nicht allzu langer Zeit ausgestorben, vermutlich erst vor ein paar Millionen Jahren.
Auch Glyptodon wurde in die Gruppe der Xenarthra eingeordnet. Das Tier war durch einen schweren Schild geschützt und sah aus wie ein Panzer. Der Schild hatte fast die Form einer Kuppel. Außerdem besaß es einen Schwanz mit einer Stachelkugel am Ende, die an Waffen der mittelalterlichen Ritter erinnert. Das Tier hatte also nichts und niemanden zu fürchten. Es lebte im Pleistozän in Südamerika (Argentinien, Bolivien und Brasilien); Glyptodon ähnelte ein bißchen den heutigen Gürteltieren, die auch zu der Gruppe der Xenarthra oder Zahnarmen zählen. Der knochige Schild dieses Tieres war aus einem einzigen Stück, auch der Schwanz wurde durch Knochenplatten geschützt. Die ersten Menschen müssen dieses Schild auch als Schutz benützt haben, denn man fand Spuren von Feuerstellen unter einigen Schilden.
Eine ähnliche schildartige Körperpanzerung aus Knochen- und Knorpelplatten besitzen die heute noch in Mittel- und Südamerika lebenden Gürteltiere.

Megatherium, ein Faultier so groß wie ein Elefant.

Abgesehen von den heute lebenden Ameisenbären, haben die Zahnarmen viele Zähne! Aber die Zähne sind alle gleich, man kann weder Schneidezähne noch Eckzähne noch Backenzähne unterscheiden. Man nimmt an, daß Glyptodon (hier: Glyptodon clavipes) vor allem pflanzliche Nahrung fraß, vielleicht aber nahm er auch alles, was ihm begegnete. Sein Schild erlaubte es ihm, sich den Angriffen möglicher Feinde zu stellen. Menschen, die dieses Tier überwältigen wollten, mußten es auf den Rücken drehen.

Zur Zeit der Glyptodon und Megatherium lebte in der argentinischen Ebene auch Panochthus. Er war kleiner als Glyptodon, etwas mehr als 2 m lang, inklusive Schwanz. Der Schädel des Panochthus war besonders hoch und kurz.

Die Füße des Glyptodon endeten in einer Art Stiefel, und das Skelett war kräftig genug, um das Gewicht der Panzerung zu tragen. Der Illustrator hat auf dem Schild ein Neunbinden-Gürteltier abgebildet, das heute in ganz Amerika vom Süden bis zu den Vereinigten Staaten verbreitet ist.

Panochthus besaß den größten Schild aller Xenarthra. Er hatte eine ovale Form, wurde nach vorne breiter und war aus Knochenplatten zusammengesetzt, die die Form von Vielecken hatten. Die Hülle, die den Schwanz schützte, war aus 6 Ringen und einem langen mit Knötchen besetzten Rohr gebildet. Eine andere Art, Doedicurus, mit 4 m Länge und 1 m Höhe, hatte genau wie Glyptodon lange Stacheln am Schwanzende. Dieses Tier lebte in Argentinien und Uruguay.

Der Höhlenbär

Im Pliozän war der Bär 1,20 m lang und wog etwa 45 kg. Ein eher kleines Raubtier also, dem Malaienbär ähnlich, der heute in Hinterindien lebt. Später wurden die Bären größer, bis sie die Maße des Höhlenbären erreichten.
Der Höhlenbär, ein Zeitgenosse des Cro-Magnon-Menschen (vor etwa 30 000 Jahren) und des Neandertalers (vor 100 000 Jahren), war um ein Drittel größer als der Braunbär, den wir heute kennen. Die größten heute lebenden Braunbären, die Kodiakbären in Alaska, können ein Gewicht von 680 kg und mehr erreichen. Der Höhlenbär war mit seinen 800 bis 900 Kilo also ein furchterregendes Tier. Sein einziger Feind war der Mensch, und wie dieser versuchte er in Höhlen zu leben, die einen ausgezeichneten Schutz gegen das Wetter boten. So waren es also zweifellos unsere Vorfahren, die für sein Aussterben vor etwa 10 000 Jahren verantwortlich sind. Sie jagten das Tier mit Spießen und Wurfgeschossen.
Der Höhlenbär lebte im Pleistozän, einer Epoche, in der es häufig zu Vergletscherungen kam. In diesen Zeiträumen mußten die Tiere entweder abwandern oder sich an die Kälte und den Rückgang der Pflanzenwelt anpassen. Der Höhlenbär aber war durch sein dickes Fell gewappnet, um in dieser kalten Umgebung leben zu können. Wie die Mammuts mußte er seine Nahrung an den Grenzen zu den Gletschergebieten und in Nadel- und Birkenwäldern, die sich über weite Flächen erstreckten, suchen. Sie bestand aus Beeren, Früchten und Pilzen, besonders in den Spätsommer- und Herbstmonaten, aber auch aus Tieren aller Art. Im Frühjahr ernährte sich der Höhlenbär sicherlich auch von den Resten größerer Tiere, die im Winter verhungert oder durch Lawinen zu Tode gekommen waren. Daneben wird er sich besonders zur Laichzeit auch Lachse und andere Fische, die es damals noch in allen Flüssen zahlreich gab, geholt haben, wie dies die Bären auch heute noch zum Beispiel in Amerika und Kanada tun. Ein Kampf zwischen den Menschen mit ihren primitiven Waffen und den gewaltigen Bären ging vermutlich nicht immer zugunsten der Menschen aus, die durch einen einzigen Prankenhieb getötet werden konnten.
Im Pleistozän war der Höhlenbär der verbreitetste Fleischfresser in Europa, man fand in einigen Höhlen zahlreiche Überreste. Vollständige Skelette sind jedoch selten. So mußten sich die Paläontologen meist mit Schädeln, Zähnen und Einzelknochen begnügen.

Prähistorische Menschen versuchen, einen Höhlenbär zu erlegen.

Der Höhlenbär ernährte sich im Sommer vor allem von pflanzlicher Kost. Da der heutige Braunbär ein Allesfresser ist und kleine Nagetiere, Fische, Wirbellose und sogar Tierkadaver frißt, kann man annehmen, daß der Höhlenbär, der große Verwandte des Bären, den wir heute kennen, dieselben Gewohnheiten hatte.

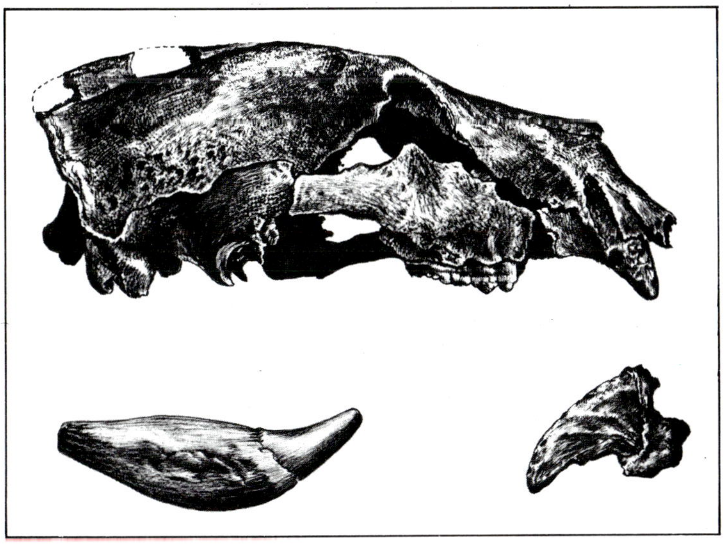

Der Höhlenbär unterscheidet sich vom Braunbär durch seine Größe, seine kräftigeren Knochen, seine sehr hohe und weniger abgeschrägte Stirn, und schließlich durch die eher längliche Form seines Schädels. Außer dem Schädel sieht man hier eine Kralle (rechts) und einen Zahn (links).

Diese Silhouette, die in der Höhle von Tayjat in der Dordogne (Frankreich) zu sehen ist, zeigt einen Höhlenbär, der in bewundernswerter Weise von einem Künstler der Steinzeit skizziert wurde. Der Bär war für ihn Feind und Jagdwild zugleich.

Der Höhlenbär (unten), ein Verwandter des Braunbären, trat im Laufe der letzten Vereisungen vor etwa 300 000 Jahren auf. Aber vor ihm gab es schon andere Tiere aus der gleichen Familie: so den Ursus etruscus vor 700 000 Jahren. Bären gab es seit dem Pleistozän. Ihre Fossilien wurden in der Alten Welt und in Amerika gefunden. Einst war die Familie der Bären sehr viel größer: man zählte 11 bis 12 Gruppen, die alle ausgestorben sind.

Uintatherium und Megaceros

Vor einigen tausend Jahren lebte in Irland ein Hirsch, der das größte Geweih trug, das man jemals gefunden hat. Es erreichte ein Ausmaß von 3 bis 4 m und wog bis zu 38 kg. Der Hirsch unserer Wälder trägt ein Geweih, das ein Gewicht von 18 kg und eine Ausdehnung von 1,50 m nicht überschreitet. Zur gleichen Zeit wie der irische Hirsch lebte in Italien ein Hirsch, der sich durch ein besonders endenreiches Geweih auszeichnete. Genau wie bei manchen noch heute lebenden Geweihträgern dienten diese Stirnwaffen zur Abwehr von Feinden und zum Kampf zwischen Artgenossen. Sie waren durchaus nützlich zur Arterhaltung. Als sie dann aber immer größer und schwerer wurden, behinderten sie den Träger mehr, als sie ihm Nutzen brachten. Der Riesenhirsch, Megaceros, dessen Überreste in irischen Torfmooren gefunden wurden, trug ein Geweih, das es ihm praktisch unmöglich machte, durch enger stehende Bäume hindurchzuschreiten. Das Gewicht des Geweihs war 18 mal größer als das des Schädels. Man kann sich vorstellen, daß das Tier Schwierigkeiten hatte, einem Verfolger zu entkommen, zu äsen und selbst sich fortzubewegen, mit einem solchen Gewicht auf dem Schädel. Vermutlich war dieses Riesengeweih auch der Grund, warum die Hirsche ausstarben. Hier hat eine ganz ähnliche Entwicklung stattgefunden wie beim Säbelzahntiger, dessen obere Eckzähne mit der Zeit eine Länge erreichten, die ihm ein Zubeißen nicht mehr möglich machten.

Auch Rentiere gab es zu dieser Zeit: eine andere Hirschart, die von den damaligen Menschen häufig als Beute gejagt wurde. Geweihe und Knochen wurden zu einfachen Werkzeugen verarbeitet.

Die Gruppe der Dinocerata, die in Nordamerika und in der Mongolei vertreten war, vereinigte einige der größten im Eozän lebenden Säugetiere; sie sind alle ausgestorben, ohne direkte Nachfahren zu hinterlassen. Ein Vertreter der Dinocerata, Uintatherium, war 2,50 m hoch.

Uintatherium, mit seinen zwei Eckzähnen und sechs Hörnern.

Dieser Megaceros ist in ein Torfmoor eingesunken und versucht vergeblich, sich daraus zu befreien. Die Torfmoore haben Überreste von Tieren, Pflanzen und Menschen erhalten, die vor Tausenden von Jahren gelebt haben. Alle Überreste waren in einem guten Zustand, da der Torf die Zersetzung bis zu einem gewissen Grad verhindert. Man fand von Megaceros zahlreiche vollständige Skelette. Anfang des 20. Jahrhunderts konnte man bereits 2 verschiedene Arten unterscheiden.

Die Polyclades, hier ein Schädel, sind ein weiteres Beispiel für bemerkenswerte Tiere, die es aus ungeklärten Gründen heute nicht mehr gibt. Vielleicht waren sie ganz einfach durch ihr großes und schweres Geweih zu sehr beeinträchtigt.

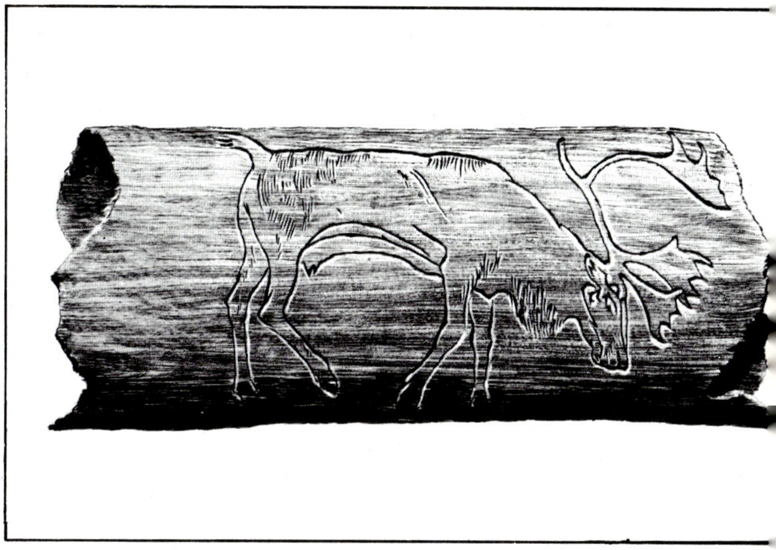

Im Pleistozän lebten Rentiere in den Alpen und in den Pyrenäen. Unsere Vorfahren haben uns in Form von Felsmalereien und Schnitzereien Beweise für ihr Interesse an diesen Tieren hinterlassen. Dieses Bild eines Ren, in Elfenbein geschnitzt, stammt aus Kesserloch, in der Nähe von Schaffhausen, Schweiz.

Diese Säugetiere waren Huftiere, zu deren Verwandtschaft die heute noch lebenden Elefanten gehören, und die eine gewisse Ähnlichkeit mit dem Nashorn aufwiesen. Wie diese hatten sie große Hörner. Sie lebten im Oligozän und wurden etwa 3 m lang.

Das Mammut

Eine Mammutherde unterwegs.

Die Mammuts waren nicht solche Riesen, wie man manchmal glaubt. Sicherlich wurden die größten 4 bis 4,5 m hoch. Ihre kräftigen zurückgebogenen Eckzähne wurden bis zu 3,50 m lang und hatten ein Gewicht von 110 bis 130 kg. Aber was ist das schon im Vergleich zu den riesigen Dinosauriern? Dennoch boten diese Tiere mit ihrem langen rötlichen bis schwarzen Fell und ihrem Fetthöcker auf dem Kopf einen furchterregenden Anblick: Sie müssen unsere Vorfahren vor etwas mehr als zehntausend Jahren gewaltig beeindruckt haben, wenn sie in Herden auftraten. Man kann nicht einfach von „dem Mammut" sprechen, denn die Fachleute haben mehrere Arten unterschieden; ihre Überreste wurden in der nördlichen Erdhälfte gefunden (Europa, Asien, Amerika, und nach Süden zu auf der Höhe des Kaspischen Meeres und des Baikalsees). Insgesamt haben Jäger und Forscher die mehr oder weniger vollständigen Überreste von etwa 25 000 Tieren ausgegraben.
Die Mammuts gehören zu den am besten bekannten Tierfossilien. Sie sind im Vergleich zu anderen urgeschichtlichen Tierarten erst vor kurzer Zeit ausgestorben. Außerdem sind uns zahlreiche Überreste in gutem Zustand überliefert worden, denn in dem riesigen natürlichen Kühlschrank, den der ständig gefrorene Boden der Arktis darstellt, wurden sie gut erhalten. So konnten die Wissenschaftler nicht nur Abdrücke oder Skeletteile untersuchen, sondern auch Blut, Haut, Muskeln, Fell und sogar die Nahrung dieser großen Tiere!
Das berühmteste Mammut wurde am Ufer der Berezovka, einem Nebenfluß der Kolyma, einem ostsibirischen Fluß, gefunden. Sein Magen und sein Maul waren voller Gras- und Zweigreste. Die Zahl der Mammuts jedoch, die in gutem Zustand in die Laboratorien gekommen sind, ist gering. Besonders in Sibirien stellte der Transport der Überreste die Wissenschaftler vor beträchtliche Schwierigkeiten. Für den Menschen waren die Mammuts eine begehrte Beute, die aber eine aufwendige Jagd erforderte. Am besten konnten sie in Fallgruben gefangen und dann getötet werden. Sie gaben Nahrung für eine lange Zeit. Aus der Haut konnten Kleidung und Decken zubereitet werden, aus den Knochen wurden Werkzeuge gemacht, und das Elfenbein der Stoßzähne wurde zu Schmuck und Schnitzereien verwendet.